100 Multiplication Practice Worksheets
Arithmetic Workbook with Answers

Reproducible Timed Math Drills:
Multiplying Multidigit Numbers

Anne Fairbanks

Simple No-Frills Math Sheets

100 Multiplication Practice Worksheets Arithmetic Workbook with Answers

Reproducible Timed Math Drills: Multiplying Multidigit Numbers

copyright (c) 2011

Anne Fairbanks

Simple No-Frills Math Sheets

All rights are reserved, including the right to reproduce any portion of this workbook in any form. However, parents and educators who have purchased one copy of this workbook may photocopy selected sheets for instructional purposes for their own children or students only.

Children > Nonfiction > Education > Math > Arithmetic

First edition and first printing in December 2011

ISBN-10:   1468141872   ISBN-13:   978-1468141870

TABLE OF CONTENTS

Introduction	iv
Multiplying Two Digits with One Digit	1
Multiplying Three Digits with One Digit	21
Multiplying Two Digits with Two Digits	41
Multiplying Three Digits with Two Digits	61
Multiplying Three Digits with Three Digits	81
Answers	101

INTRODUCTION

- This workbook consists of 100 basic multiplication worksheets.

- These multiplication drills help to develop fluency in arithmetic.

- Problems grow from 2 digits × 1 digit to 3 digits × 3 digits.

- Record the score and time at the top of each worksheet.

- Try to improve your score and time as you continue.

- Check your answers at the back of the workbook.

- Each exercise is numbered for easy reference.

- Teachers may reproduce selected worksheets for their students.

- Includes space for students to write their name at the top.

| Score | | Time | | Worksheet 1 | Name | |

①
81
× 2

②
33
× 9

③
66
× 8

④
44
× 2

⑤
59
× 4

⑥
94
× 4

⑦
62
× 8

⑧
17
× 5

⑨
94
× 7

⑩
74
× 5

⑪
21
× 9

⑫
86
× 2

⑬
82
× 4

⑭
51
× 5

⑮
47
× 9

⑯
53
× 2

⑰
84
× 9

⑱
10
× 9

⑲
97
× 5

⑳
85
× 9

㉑
81
× 4

㉒
65
× 4

㉓
92
× 5

㉔
96
× 9

㉕
86
× 6

㉖
60
× 8

㉗
90
× 8

㉘
76
× 5

㉙
84
× 6

㉚
32
× 5

㉛
87
× 4

㉜
10
× 7

㉝
67
× 5

㉞
43
× 4

㉟
67
× 4

Page 1

| Score | | Time | | Worksheet 2 | Name | |

① 45 × 7

② 60 × 6

③ 74 × 2

④ 46 × 4

⑤ 88 × 5

⑥ 18 × 5

⑦ 20 × 8

⑧ 55 × 6

⑨ 69 × 6

⑩ 37 × 7

⑪ 70 × 4

⑫ 19 × 5

⑬ 17 × 4

⑭ 27 × 5

⑮ 46 × 2

⑯ 65 × 5

⑰ 96 × 3

⑱ 62 × 8

⑲ 40 × 5

⑳ 99 × 7

㉑ 87 × 7

㉒ 67 × 2

㉓ 56 × 6

㉔ 78 × 4

㉕ 14 × 3

㉖ 61 × 5

㉗ 80 × 2

㉘ 97 × 3

㉙ 11 × 8

㉚ 40 × 3

㉛ 36 × 4

㉜ 11 × 7

㉝ 70 × 2

㉞ 25 × 7

㉟ 14 × 9

Score   **Time**   Worksheet 3   **Name**

① 58 × 4

② 32 × 2

③ 89 × 9

④ 60 × 2

⑤ 98 × 9

⑥ 47 × 4

⑦ 62 × 2

⑧ 95 × 9

⑨ 25 × 8

⑩ 21 × 9

⑪ 78 × 2

⑫ 50 × 2

⑬ 65 × 8

⑭ 89 × 7

⑮ 35 × 7

⑯ 18 × 2

⑰ 92 × 8

⑱ 87 × 9

⑲ 67 × 6

⑳ 79 × 5

㉑ 88 × 7

㉒ 66 × 9

㉓ 92 × 2

㉔ 16 × 7

㉕ 87 × 6

㉖ 67 × 3

㉗ 67 × 4

㉘ 44 × 8

㉙ 60 × 9

㉚ 11 × 5

㉛ 85 × 6

㉜ 48 × 5

㉝ 32 × 8

㉞ 97 × 7

㉟ 21 × 7

| Score | | Time | | Worksheet 4 | Name | |

① 94 × 6

② 44 × 8

③ 39 × 2

④ 26 × 5

⑤ 22 × 4

⑥ 39 × 5

⑦ 77 × 9

⑧ 39 × 6

⑨ 63 × 5

⑩ 87 × 3

⑪ 33 × 9

⑫ 62 × 4

⑬ 94 × 5

⑭ 41 × 4

⑮ 79 × 9

⑯ 16 × 6

⑰ 86 × 3

⑱ 25 × 7

⑲ 91 × 6

⑳ 69 × 8

㉑ 10 × 4

㉒ 69 × 8

㉓ 93 × 3

㉔ 37 × 8

㉕ 20 × 8

㉖ 53 × 6

㉗ 46 × 3

㉘ 69 × 3

㉙ 76 × 8

㉚ 18 × 6

㉛ 14 × 4

㉜ 58 × 3

㉝ 75 × 5

㉞ 66 × 3

㉟ 74 × 9

| Score | | Time | | Worksheet 5 | Name | |

① 52 × 2

② 43 × 8

③ 24 × 5

④ 26 × 7

⑤ 52 × 6

⑥ 33 × 6

⑦ 39 × 6

⑧ 74 × 7

⑨ 26 × 4

⑩ 44 × 2

⑪ 77 × 8

⑫ 63 × 9

⑬ 89 × 2

⑭ 56 × 4

⑮ 15 × 7

⑯ 23 × 4

⑰ 47 × 6

⑱ 16 × 6

⑲ 43 × 9

⑳ 38 × 5

㉑ 90 × 9

㉒ 16 × 6

㉓ 44 × 5

㉔ 19 × 9

㉕ 12 × 2

㉖ 95 × 7

㉗ 43 × 3

㉘ 17 × 4

㉙ 98 × 4

㉚ 62 × 4

㉛ 81 × 9

㉜ 71 × 3

㉝ 74 × 9

㉞ 13 × 4

㉟ 89 × 4

Score		Time		Worksheet 6	Name	

①	②	③	④	⑤	⑥	⑦
3 0 × 4	1 0 × 5	5 6 × 2	6 2 × 3	7 7 × 4	4 3 × 4	6 0 × 9

⑧	⑨	⑩	⑪	⑫	⑬	⑭
6 4 × 2	9 2 × 3	3 2 × 9	6 2 × 2	4 1 × 5	4 0 × 9	9 8 × 9

⑮	⑯	⑰	⑱	⑲	⑳	㉑
1 7 × 9	9 0 × 3	6 4 × 8	3 4 × 2	6 3 × 6	5 6 × 7	3 0 × 7

㉒	㉓	㉔	㉕	㉖	㉗	㉘
3 3 × 8	4 6 × 3	3 9 × 2	4 1 × 9	1 7 × 4	5 0 × 4	1 7 × 2

㉙	㉚	㉛	㉜	㉝	㉞	㉟
5 7 × 2	3 3 × 8	4 3 × 2	3 4 × 7	6 0 × 6	8 9 × 5	3 0 × 2

Score   **Time**   Worksheet 7   Name

① 52 × 5

② 67 × 3

③ 42 × 7

④ 22 × 2

⑤ 84 × 6

⑥ 15 × 3

⑦ 64 × 8

⑧ 74 × 6

⑨ 74 × 5

⑩ 75 × 4

⑪ 49 × 5

⑫ 56 × 8

⑬ 13 × 8

⑭ 59 × 6

⑮ 82 × 9

⑯ 94 × 5

⑰ 66 × 5

⑱ 76 × 6

⑲ 31 × 5

⑳ 95 × 9

㉑ 38 × 8

㉒ 23 × 3

㉓ 86 × 7

㉔ 54 × 2

㉕ 63 × 7

㉖ 88 × 3

㉗ 27 × 3

㉘ 28 × 8

㉙ 45 × 8

㉚ 14 × 2

㉛ 60 × 9

㉜ 60 × 9

㉝ 50 × 6

㉞ 50 × 7

㉟ 57 × 4

Page 7

Score		Time		Worksheet 8	Name	

① 81 × 7	② 81 × 7	③ 62 × 8	④ 31 × 3	⑤ 10 × 6	⑥ 39 × 8	⑦ 39 × 2
⑧ 41 × 5	⑨ 83 × 3	⑩ 21 × 5	⑪ 89 × 9	⑫ 70 × 5	⑬ 71 × 8	⑭ 70 × 7
⑮ 71 × 9	⑯ 91 × 9	⑰ 66 × 4	⑱ 33 × 3	⑲ 13 × 4	⑳ 96 × 5	㉑ 19 × 3
㉒ 92 × 5	㉓ 93 × 8	㉔ 76 × 5	㉕ 59 × 6	㉖ 71 × 7	㉗ 70 × 6	㉘ 54 × 3
㉙ 19 × 6	㉚ 72 × 7	㉛ 43 × 8	㉜ 63 × 4	㉝ 66 × 6	㉞ 74 × 3	㉟ 20 × 3

| Score | | Time | | Worksheet 9 | Name | |

① 83 × 2

② 20 × 4

③ 57 × 2

④ 28 × 5

⑤ 89 × 3

⑥ 56 × 3

⑦ 93 × 2

⑧ 38 × 9

⑨ 40 × 2

⑩ 86 × 2

⑪ 17 × 3

⑫ 74 × 9

⑬ 73 × 3

⑭ 12 × 6

⑮ 65 × 9

⑯ 66 × 9

⑰ 62 × 4

⑱ 58 × 5

⑲ 18 × 2

⑳ 92 × 7

㉑ 18 × 2

㉒ 79 × 2

㉓ 51 × 5

㉔ 57 × 3

㉕ 68 × 7

㉖ 72 × 4

㉗ 32 × 2

㉘ 88 × 2

㉙ 70 × 3

㉚ 70 × 3

㉛ 65 × 7

㉜ 99 × 4

㉝ 88 × 8

㉞ 16 × 8

㉟ 35 × 7

| Score | | Time | | Worksheet 10 | Name | |

① 78 × 9
② 91 × 2
③ 46 × 9
④ 33 × 2
⑤ 80 × 3
⑥ 49 × 4
⑦ 40 × 7

⑧ 83 × 4
⑨ 85 × 3
⑩ 12 × 3
⑪ 46 × 9
⑫ 80 × 2
⑬ 27 × 7
⑭ 89 × 6

⑮ 46 × 8
⑯ 49 × 3
⑰ 35 × 6
⑱ 22 × 7
⑲ 11 × 8
⑳ 11 × 5
㉑ 68 × 4

㉒ 55 × 9
㉓ 22 × 6
㉔ 38 × 3
㉕ 82 × 9
㉖ 32 × 5
㉗ 53 × 6
㉘ 59 × 5

㉙ 76 × 5
㉚ 53 × 7
㉛ 39 × 7
㉜ 71 × 8
㉝ 16 × 4
㉞ 38 × 6
㉟ 99 × 6

Score ☐ **Time** ☐ **Worksheet 11** **Name** ☐

① 38 × 4

② 45 × 3

③ 88 × 8

④ 52 × 4

⑤ 18 × 3

⑥ 69 × 5

⑦ 61 × 8

⑧ 26 × 5

⑨ 22 × 4

⑩ 65 × 5

⑪ 51 × 3

⑫ 12 × 3

⑬ 50 × 8

⑭ 72 × 5

⑮ 31 × 6

⑯ 21 × 3

⑰ 85 × 9

⑱ 95 × 8

⑲ 64 × 5

⑳ 39 × 4

㉑ 47 × 6

㉒ 58 × 3

㉓ 63 × 3

㉔ 73 × 4

㉕ 51 × 8

㉖ 48 × 7

㉗ 58 × 2

㉘ 73 × 7

㉙ 59 × 9

㉚ 20 × 8

㉛ 80 × 7

㉜ 94 × 5

㉝ 61 × 3

㉞ 71 × 8

㉟ 59 × 2

Page 11

Score		Time		Worksheet 12	Name	

① 27 × 8	② 38 × 3	③ 73 × 2	④ 74 × 3	⑤ 12 × 2	⑥ 45 × 6	⑦ 14 × 2
⑧ 88 × 7	⑨ 36 × 6	⑩ 53 × 2	⑪ 84 × 2	⑫ 24 × 2	⑬ 23 × 7	⑭ 69 × 2
⑮ 21 × 8	⑯ 16 × 7	⑰ 73 × 7	⑱ 18 × 8	⑲ 61 × 8	⑳ 29 × 7	㉑ 13 × 4
㉒ 77 × 5	㉓ 60 × 2	㉔ 14 × 6	㉕ 63 × 4	㉖ 23 × 3	㉗ 23 × 4	㉘ 14 × 2
㉙ 92 × 4	㉚ 89 × 9	㉛ 48 × 2	㉜ 51 × 5	㉝ 78 × 4	㉞ 28 × 6	㉟ 38 × 4

| Score | | Time | | Worksheet 13 | Name | |

① 73 × 7
② 24 × 8
③ 38 × 9
④ 91 × 3
⑤ 67 × 4
⑥ 86 × 9
⑦ 43 × 9

⑧ 15 × 2
⑨ 92 × 7
⑩ 12 × 4
⑪ 11 × 6
⑫ 75 × 9
⑬ 59 × 8
⑭ 56 × 2

⑮ 48 × 2
⑯ 31 × 4
⑰ 80 × 4
⑱ 55 × 4
⑲ 49 × 3
⑳ 84 × 7
㉑ 31 × 2

㉒ 27 × 9
㉓ 52 × 7
㉔ 62 × 5
㉕ 47 × 9
㉖ 34 × 6
㉗ 38 × 5
㉘ 65 × 3

㉙ 52 × 9
㉚ 29 × 3
㉛ 98 × 7
㉜ 33 × 7
㉝ 25 × 3
㉞ 75 × 4
㉟ 84 × 2

| Score | | Time | | Worksheet 14 | Name | |

① 20 × 4

② 83 × 2

③ 66 × 3

④ 36 × 7

⑤ 57 × 3

⑥ 28 × 8

⑦ 90 × 3

⑧ 38 × 6

⑨ 98 × 9

⑩ 92 × 8

⑪ 43 × 4

⑫ 28 × 9

⑬ 11 × 6

⑭ 25 × 5

⑮ 44 × 6

⑯ 48 × 3

⑰ 40 × 2

⑱ 86 × 7

⑲ 58 × 8

⑳ 23 × 2

㉑ 81 × 8

㉒ 81 × 9

㉓ 76 × 9

㉔ 85 × 4

㉕ 23 × 2

㉖ 69 × 8

㉗ 67 × 7

㉘ 36 × 3

㉙ 20 × 4

㉚ 77 × 3

㉛ 90 × 9

㉜ 11 × 7

㉝ 49 × 4

㉞ 90 × 2

㉟ 84 × 2

Page 14

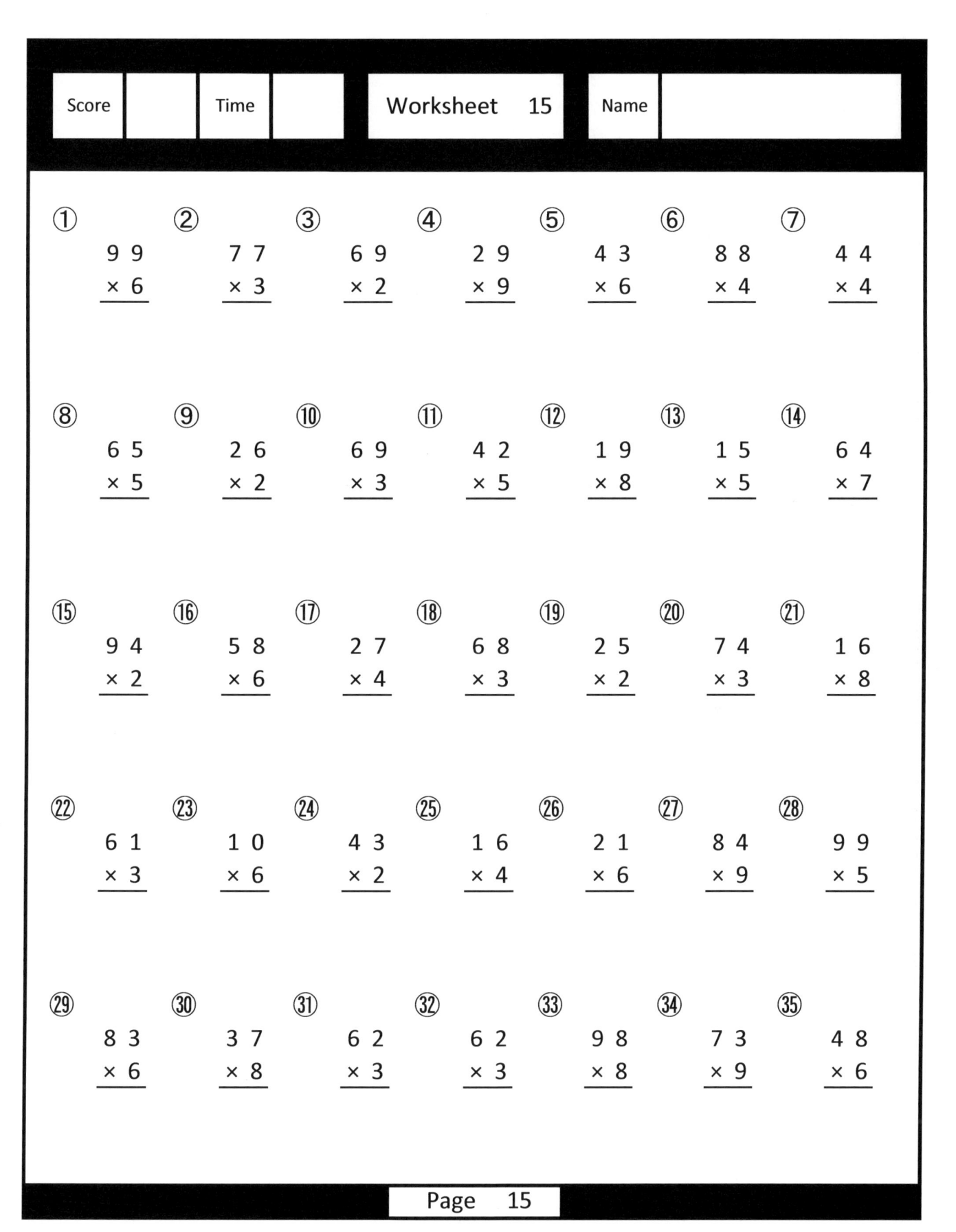

Score		Time		Worksheet 15	Name	

①	②	③	④	⑤	⑥	⑦
99 × 6	77 × 3	69 × 2	29 × 9	43 × 6	88 × 4	44 × 4

⑧	⑨	⑩	⑪	⑫	⑬	⑭
65 × 5	26 × 2	69 × 3	42 × 5	19 × 8	15 × 5	64 × 7

⑮	⑯	⑰	⑱	⑲	⑳	㉑
94 × 2	58 × 6	27 × 4	68 × 3	25 × 2	74 × 3	16 × 8

㉒	㉓	㉔	㉕	㉖	㉗	㉘
61 × 3	10 × 6	43 × 2	16 × 4	21 × 6	84 × 9	99 × 5

㉙	㉚	㉛	㉜	㉝	㉞	㉟
83 × 6	37 × 8	62 × 3	62 × 3	98 × 8	73 × 9	48 × 6

| Score | | Time | | Worksheet 16 | Name | |

① 40 × 6

② 25 × 9

③ 97 × 8

④ 18 × 4

⑤ 95 × 7

⑥ 76 × 9

⑦ 32 × 2

⑧ 89 × 6

⑨ 35 × 5

⑩ 44 × 3

⑪ 36 × 8

⑫ 91 × 7

⑬ 39 × 2

⑭ 15 × 8

⑮ 53 × 2

⑯ 26 × 9

⑰ 82 × 8

⑱ 61 × 5

⑲ 29 × 2

⑳ 65 × 7

㉑ 60 × 6

㉒ 51 × 5

㉓ 98 × 2

㉔ 52 × 5

㉕ 75 × 5

㉖ 79 × 8

㉗ 58 × 9

㉘ 89 × 6

㉙ 36 × 5

㉚ 11 × 6

㉛ 47 × 7

㉜ 70 × 8

㉝ 31 × 5

㉞ 95 × 6

㉟ 73 × 9

Page 16

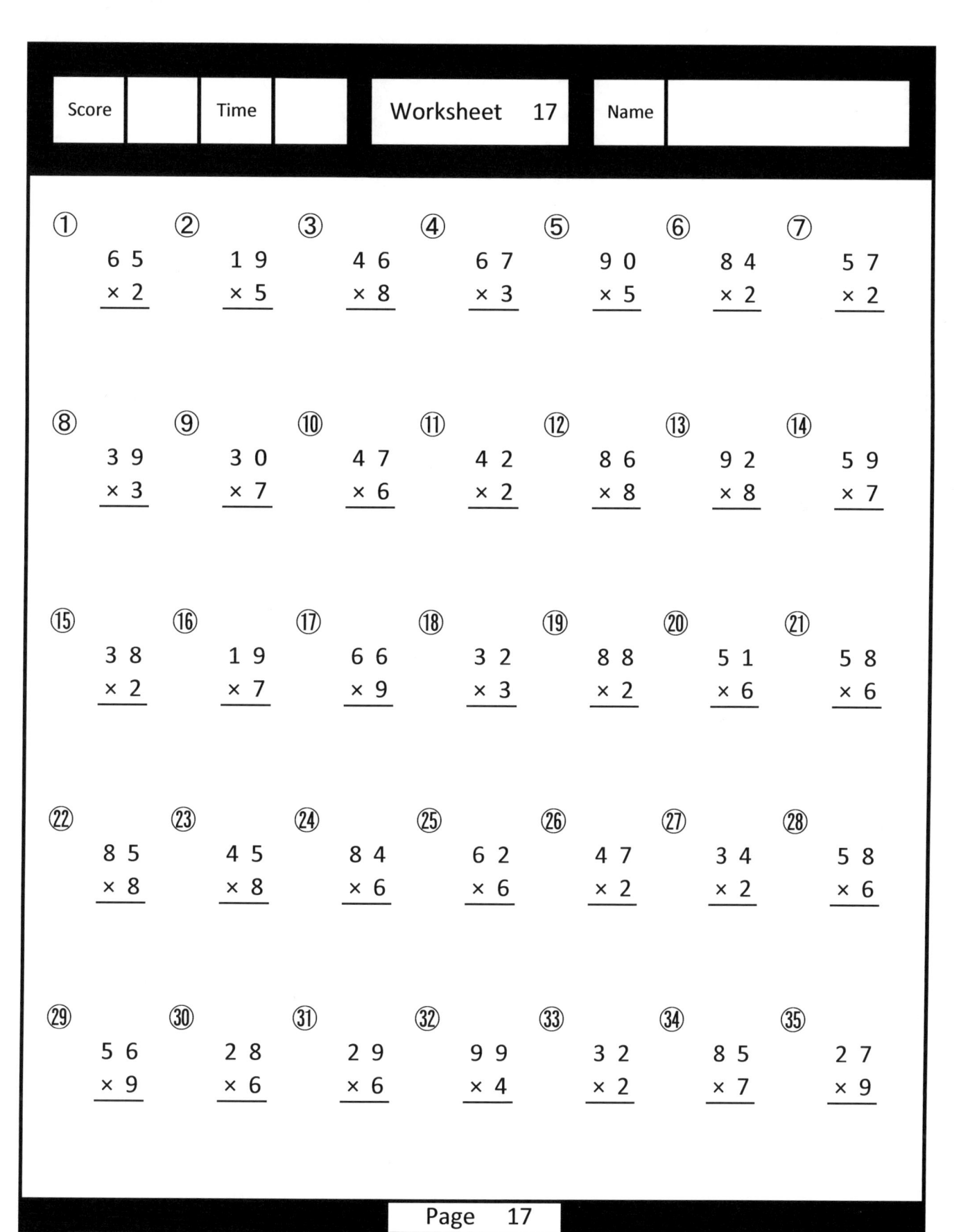

Score		Time		Worksheet 17	Name	

① 65 × 2	② 19 × 5	③ 46 × 8	④ 67 × 3	⑤ 90 × 5	⑥ 84 × 2	⑦ 57 × 2
⑧ 39 × 3	⑨ 30 × 7	⑩ 47 × 6	⑪ 42 × 2	⑫ 86 × 8	⑬ 92 × 8	⑭ 59 × 7
⑮ 38 × 2	⑯ 19 × 7	⑰ 66 × 9	⑱ 32 × 3	⑲ 88 × 2	⑳ 51 × 6	㉑ 58 × 6
㉒ 85 × 8	㉓ 45 × 8	㉔ 84 × 6	㉕ 62 × 6	㉖ 47 × 2	㉗ 34 × 2	㉘ 58 × 6
㉙ 56 × 9	㉚ 28 × 6	㉛ 29 × 6	㉜ 99 × 4	㉝ 32 × 2	㉞ 85 × 7	㉟ 27 × 9

Score		Time		Worksheet 18	Name	

①	②	③	④	⑤	⑥	⑦
12 × 6	12 × 4	36 × 4	51 × 3	31 × 4	96 × 6	88 × 9

⑧	⑨	⑩	⑪	⑫	⑬	⑭
15 × 9	39 × 6	54 × 8	78 × 3	46 × 9	95 × 5	29 × 5

⑮	⑯	⑰	⑱	⑲	⑳	㉑
78 × 8	81 × 7	64 × 9	49 × 9	68 × 7	35 × 4	31 × 6

㉒	㉓	㉔	㉕	㉖	㉗	㉘
45 × 2	35 × 8	87 × 5	72 × 7	86 × 7	34 × 2	77 × 4

㉙	㉚	㉛	㉜	㉝	㉞	㉟
75 × 4	73 × 3	33 × 8	94 × 6	97 × 3	64 × 7	88 × 7

Score		Time		Worksheet 19	Name	

① 63 × 4	② 97 × 9	③ 73 × 8	④ 24 × 7	⑤ 19 × 6	⑥ 84 × 3	⑦ 56 × 5
⑧ 33 × 8	⑨ 49 × 9	⑩ 94 × 7	⑪ 17 × 7	⑫ 81 × 2	⑬ 82 × 7	⑭ 83 × 3
⑮ 71 × 4	⑯ 36 × 3	⑰ 10 × 8	⑱ 53 × 7	⑲ 67 × 9	⑳ 15 × 6	㉑ 86 × 6
㉒ 83 × 6	㉓ 57 × 6	㉔ 63 × 8	㉕ 56 × 5	㉖ 20 × 5	㉗ 92 × 8	㉘ 28 × 7
㉙ 34 × 5	㉚ 62 × 5	㉛ 12 × 5	㉜ 59 × 7	㉝ 47 × 2	㉞ 19 × 2	㉟ 67 × 6

Score		Time		Worksheet 20	Name	

① 97 × 5	② 75 × 3	③ 66 × 7	④ 62 × 5	⑤ 36 × 6	⑥ 59 × 5	⑦ 74 × 5
⑧ 98 × 9	⑨ 25 × 9	⑩ 67 × 9	⑪ 61 × 2	⑫ 50 × 7	⑬ 97 × 2	⑭ 82 × 6
⑮ 54 × 2	⑯ 76 × 2	⑰ 32 × 2	⑱ 54 × 3	⑲ 22 × 8	⑳ 68 × 8	㉑ 78 × 5
㉒ 89 × 3	㉓ 80 × 3	㉔ 15 × 4	㉕ 43 × 9	㉖ 39 × 3	㉗ 73 × 4	㉘ 17 × 5
㉙ 52 × 3	㉚ 56 × 2	㉛ 39 × 3	㉜ 52 × 5	㉝ 58 × 2	㉞ 43 × 9	㉟ 51 × 6

Score		Time		Worksheet 21	Name	

① 694 × 2	② 277 × 9	③ 626 × 7	④ 821 × 2	⑤ 239 × 3	⑥ 919 × 8
⑦ 273 × 3	⑧ 194 × 7	⑨ 305 × 3	⑩ 186 × 6	⑪ 168 × 2	⑫ 343 × 2
⑬ 950 × 8	⑭ 328 × 8	⑮ 669 × 3	⑯ 331 × 5	⑰ 111 × 3	⑱ 739 × 5
⑲ 558 × 5	⑳ 354 × 9	㉑ 427 × 7	㉒ 859 × 3	㉓ 982 × 3	㉔ 600 × 2
㉕ 818 × 9	㉖ 204 × 6	㉗ 638 × 6	㉘ 562 × 4	㉙ 503 × 9	㉚ 197 × 7

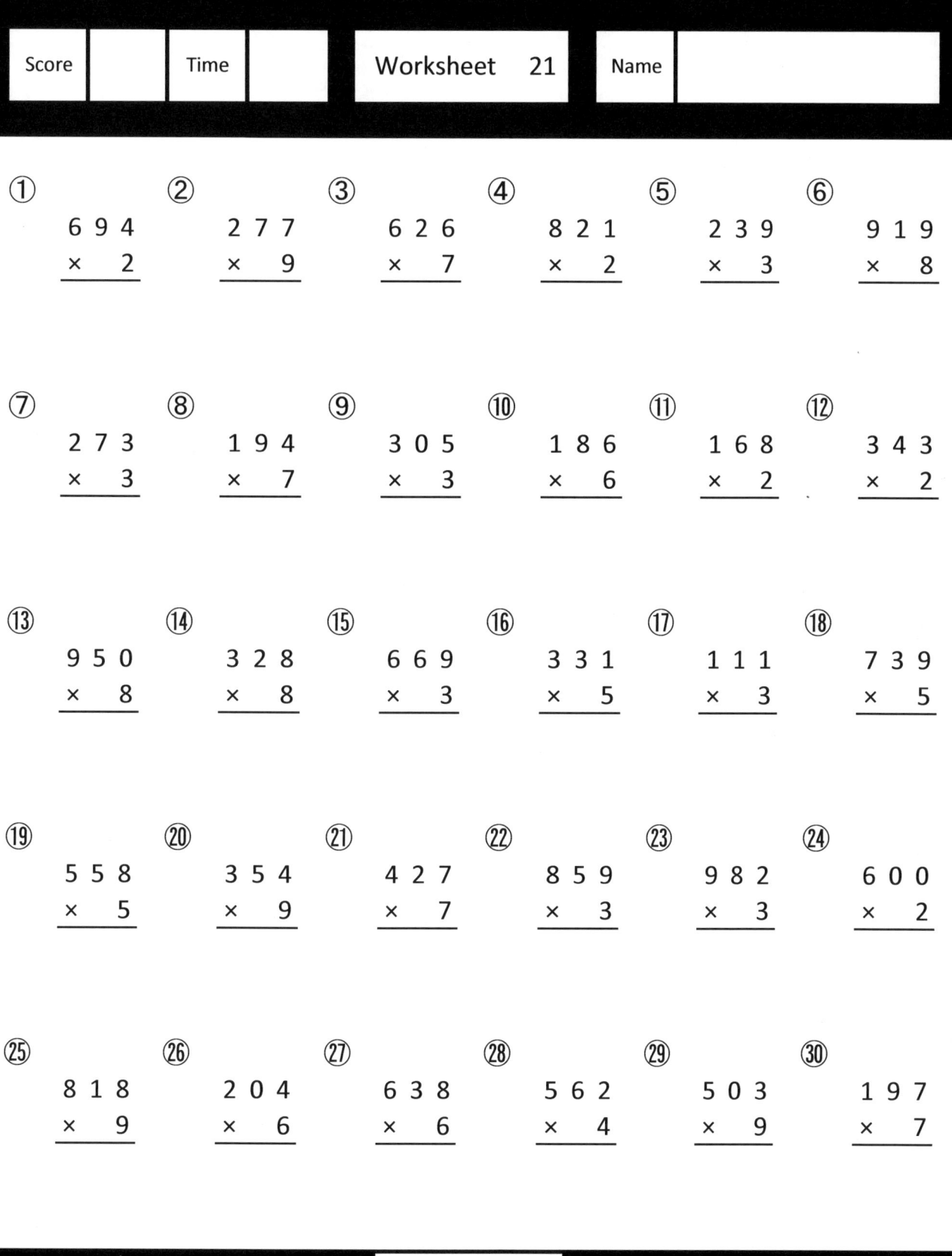

Score ☐ **Time** ☐ **Worksheet 22** **Name** ☐

① 530 × 7

② 108 × 7

③ 734 × 4

④ 138 × 5

⑤ 901 × 5

⑥ 552 × 7

⑦ 319 × 5

⑧ 904 × 5

⑨ 281 × 3

⑩ 157 × 9

⑪ 249 × 8

⑫ 561 × 8

⑬ 215 × 6

⑭ 952 × 3

⑮ 162 × 5

⑯ 590 × 3

⑰ 982 × 6

⑱ 443 × 6

⑲ 437 × 8

⑳ 606 × 2

㉑ 539 × 4

㉒ 317 × 9

㉓ 315 × 2

㉔ 358 × 8

㉕ 516 × 7

㉖ 381 × 8

㉗ 995 × 3

㉘ 602 × 5

㉙ 402 × 3

㉚ 540 × 5

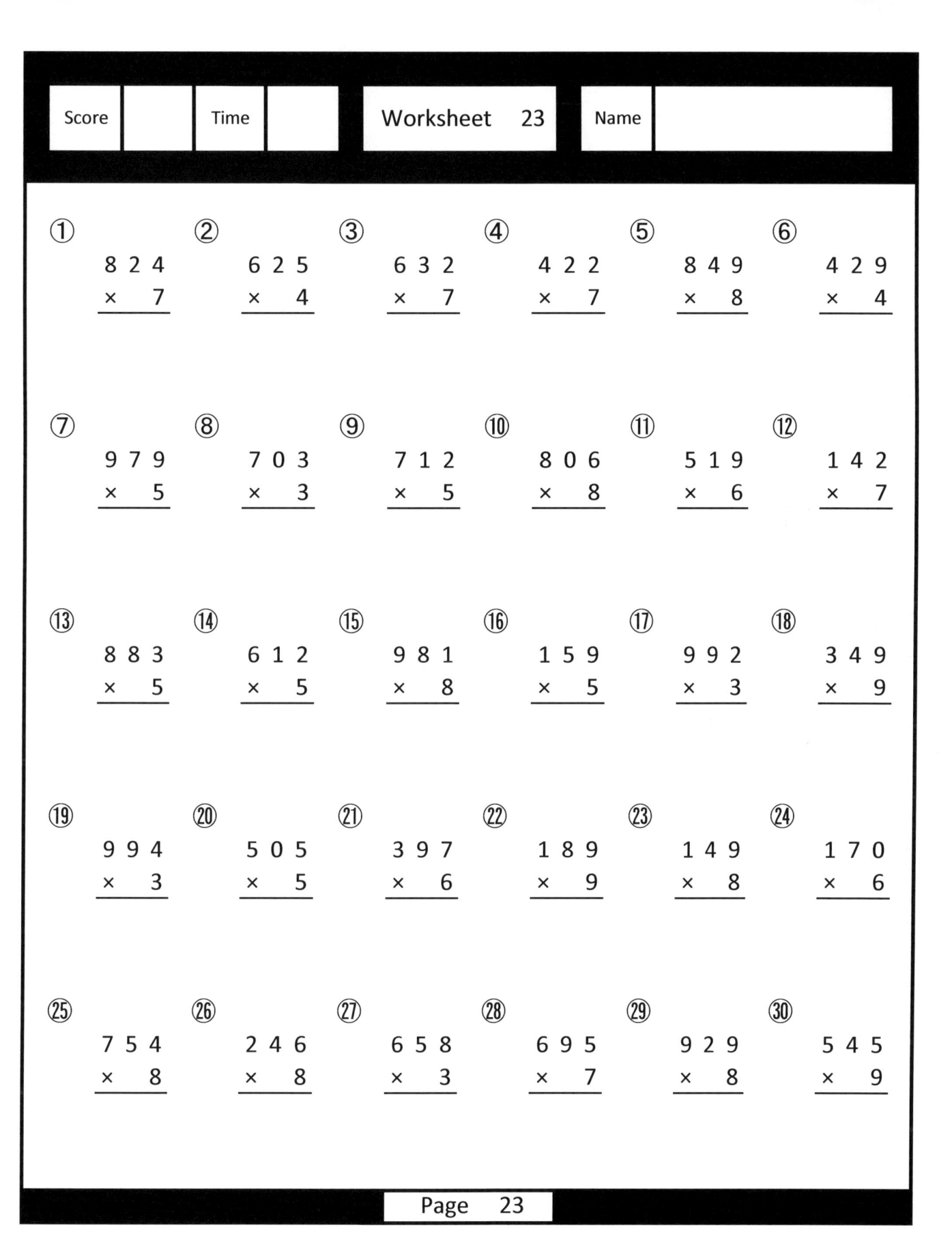

Score		Time		Worksheet 23	Name	

① 824 × 7	② 625 × 4	③ 632 × 7	④ 422 × 7	⑤ 849 × 8	⑥ 429 × 4
⑦ 979 × 5	⑧ 703 × 3	⑨ 712 × 5	⑩ 806 × 8	⑪ 519 × 6	⑫ 142 × 7
⑬ 883 × 5	⑭ 612 × 5	⑮ 981 × 8	⑯ 159 × 5	⑰ 992 × 3	⑱ 349 × 9
⑲ 994 × 3	⑳ 505 × 5	㉑ 397 × 6	㉒ 189 × 9	㉓ 149 × 8	㉔ 170 × 6
㉕ 754 × 8	㉖ 246 × 8	㉗ 658 × 3	㉘ 695 × 7	㉙ 929 × 8	㉚ 545 × 9

Score   Time   Worksheet 24   Name

① 397 × 9
② 762 × 5
③ 375 × 3
④ 159 × 5
⑤ 149 × 3
⑥ 453 × 4

⑦ 742 × 8
⑧ 838 × 2
⑨ 471 × 2
⑩ 727 × 2
⑪ 681 × 2
⑫ 139 × 8

⑬ 891 × 7
⑭ 569 × 8
⑮ 236 × 6
⑯ 719 × 6
⑰ 465 × 5
⑱ 311 × 7

⑲ 993 × 5
⑳ 613 × 2
㉑ 741 × 5
㉒ 847 × 7
㉓ 594 × 3
㉔ 593 × 3

㉕ 631 × 2
㉖ 663 × 8
㉗ 588 × 2
㉘ 729 × 7
㉙ 740 × 4
㉚ 321 × 8

| Score | | Time | | Worksheet 25 | Name | |

① 546 × 2

② 230 × 9

③ 902 × 2

④ 690 × 2

⑤ 430 × 8

⑥ 395 × 9

⑦ 591 × 6

⑧ 617 × 3

⑨ 807 × 5

⑩ 220 × 8

⑪ 480 × 7

⑫ 776 × 4

⑬ 472 × 4

⑭ 849 × 5

⑮ 466 × 4

⑯ 593 × 9

⑰ 875 × 9

⑱ 142 × 4

⑲ 671 × 5

⑳ 796 × 6

㉑ 468 × 7

㉒ 664 × 3

㉓ 527 × 7

㉔ 151 × 3

㉕ 779 × 4

㉖ 327 × 2

㉗ 560 × 2

㉘ 486 × 4

㉙ 298 × 9

㉚ 763 × 6

Score		Time		Worksheet 26	Name	

① 886 × 9	② 706 × 9	③ 896 × 9	④ 906 × 9	⑤ 946 × 8	⑥ 245 × 5
⑦ 352 × 5	⑧ 463 × 3	⑨ 958 × 8	⑩ 567 × 9	⑪ 965 × 3	⑫ 197 × 9
⑬ 268 × 6	⑭ 704 × 8	⑮ 781 × 3	⑯ 753 × 5	⑰ 473 × 9	⑱ 226 × 5
⑲ 539 × 8	⑳ 725 × 8	㉑ 491 × 7	㉒ 444 × 2	㉓ 472 × 3	㉔ 112 × 7
㉕ 374 × 6	㉖ 509 × 8	㉗ 716 × 9	㉘ 561 × 2	㉙ 656 × 7	㉚ 303 × 2

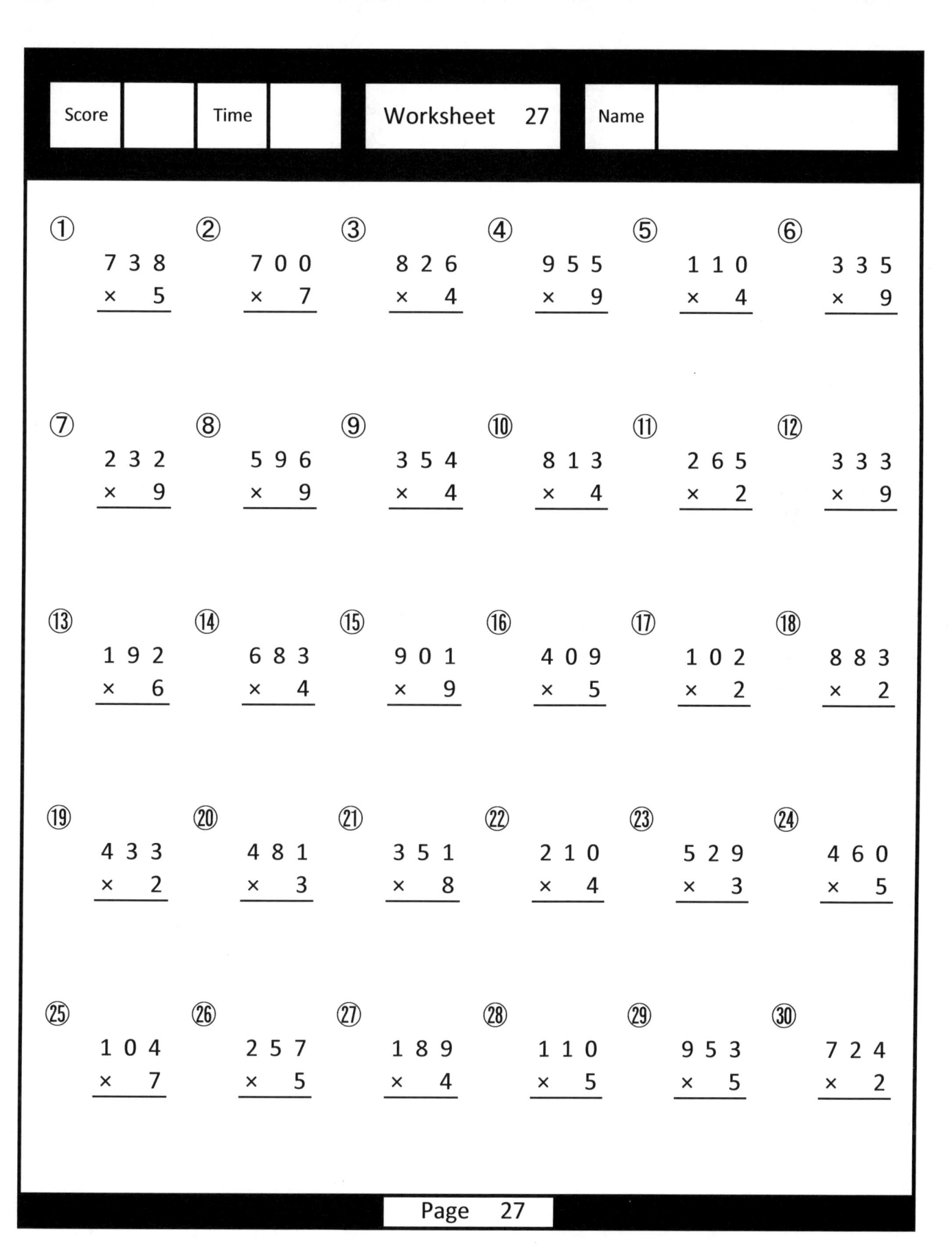

Score		Time		Worksheet 27	Name	

① 738 × 5	② 700 × 7	③ 826 × 4	④ 955 × 9	⑤ 110 × 4	⑥ 335 × 9
⑦ 232 × 9	⑧ 596 × 9	⑨ 354 × 4	⑩ 813 × 4	⑪ 265 × 2	⑫ 333 × 9
⑬ 192 × 6	⑭ 683 × 4	⑮ 901 × 9	⑯ 409 × 5	⑰ 102 × 2	⑱ 883 × 2
⑲ 433 × 2	⑳ 481 × 3	㉑ 351 × 8	㉒ 210 × 4	㉓ 529 × 3	㉔ 460 × 5
㉕ 104 × 7	㉖ 257 × 5	㉗ 189 × 4	㉘ 110 × 5	㉙ 953 × 5	㉚ 724 × 2

| Score | | Time | | Worksheet 28 | Name | |

① 577 × 2

② 190 × 8

③ 276 × 7

④ 787 × 6

⑤ 134 × 2

⑥ 775 × 9

⑦ 305 × 2

⑧ 286 × 9

⑨ 913 × 3

⑩ 593 × 7

⑪ 519 × 2

⑫ 857 × 3

⑬ 850 × 3

⑭ 766 × 5

⑮ 814 × 2

⑯ 379 × 8

⑰ 911 × 3

⑱ 855 × 8

⑲ 709 × 9

⑳ 406 × 2

㉑ 471 × 5

㉒ 223 × 2

㉓ 140 × 9

㉔ 923 × 2

㉕ 290 × 2

㉖ 412 × 8

㉗ 225 × 9

㉘ 757 × 3

㉙ 260 × 6

㉚ 945 × 8

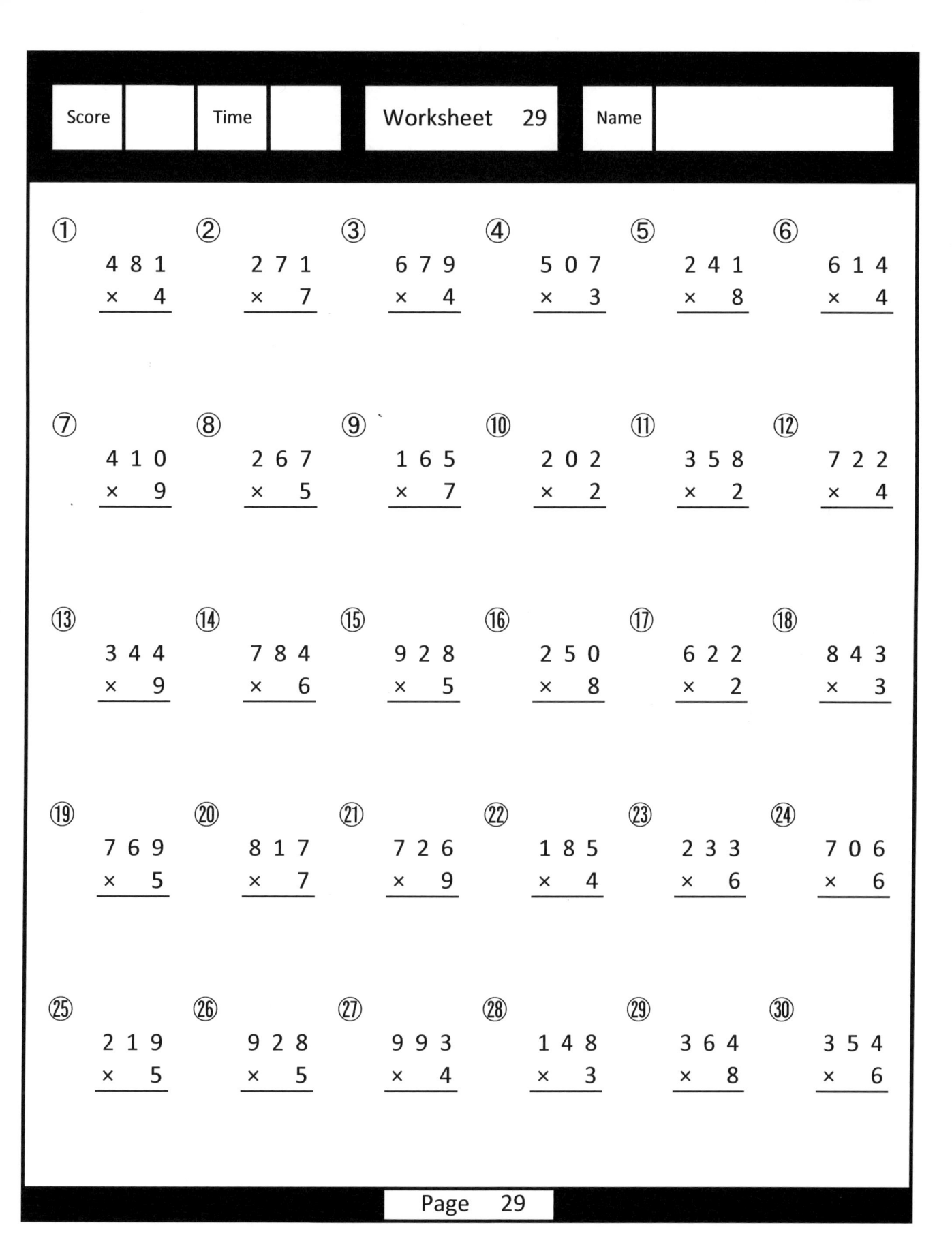

Score		Time		Worksheet 29	Name	

① 481 × 4	② 271 × 7	③ 679 × 4	④ 507 × 3	⑤ 241 × 8	⑥ 614 × 4
⑦ 410 × 9	⑧ 267 × 5	⑨ 165 × 7	⑩ 202 × 2	⑪ 358 × 2	⑫ 722 × 4
⑬ 344 × 9	⑭ 784 × 6	⑮ 928 × 5	⑯ 250 × 8	⑰ 622 × 2	⑱ 843 × 3
⑲ 769 × 5	⑳ 817 × 7	㉑ 726 × 9	㉒ 185 × 4	㉓ 233 × 6	㉔ 706 × 6
㉕ 219 × 5	㉖ 928 × 5	㉗ 993 × 4	㉘ 148 × 3	㉙ 364 × 8	㉚ 354 × 6

| Score | | Time | | Worksheet 30 | Name | |

① 675 × 9

② 834 × 2

③ 120 × 3

④ 515 × 5

⑤ 804 × 3

⑥ 590 × 3

⑦ 330 × 9

⑧ 277 × 8

⑨ 547 × 9

⑩ 412 × 7

⑪ 705 × 9

⑫ 733 × 7

⑬ 681 × 9

⑭ 876 × 2

⑮ 227 × 4

⑯ 472 × 8

⑰ 398 × 2

⑱ 341 × 6

⑲ 489 × 9

⑳ 443 × 9

㉑ 909 × 6

㉒ 932 × 4

㉓ 676 × 9

㉔ 624 × 9

㉕ 424 × 2

㉖ 761 × 9

㉗ 104 × 3

㉘ 855 × 6

㉙ 317 × 4

㉚ 572 × 2

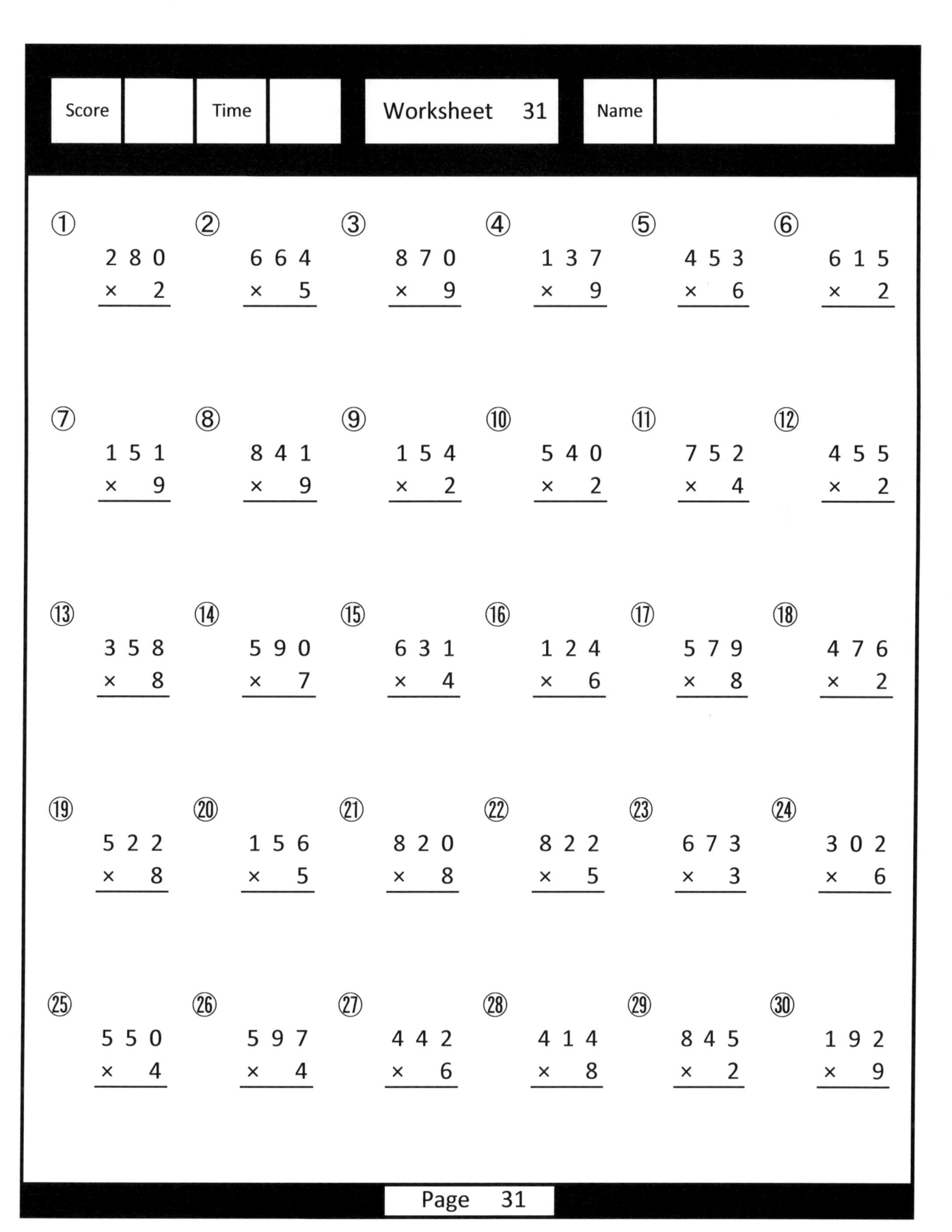

| | Score | | Time | | Worksheet 31 | Name | |

①
280
× 2

②
664
× 5

③
870
× 9

④
137
× 9

⑤
453
× 6

⑥
615
× 2

⑦
151
× 9

⑧
841
× 9

⑨
154
× 2

⑩
540
× 2

⑪
752
× 4

⑫
455
× 2

⑬
358
× 8

⑭
590
× 7

⑮
631
× 4

⑯
124
× 6

⑰
579
× 8

⑱
476
× 2

⑲
522
× 8

⑳
156
× 5

㉑
820
× 8

㉒
822
× 5

㉓
673
× 3

㉔
302
× 6

㉕
550
× 4

㉖
597
× 4

㉗
442
× 6

㉘
414
× 8

㉙
845
× 2

㉚
192
× 9

Score		Time		Worksheet 32	Name	

① 659 × 4	② 264 × 2	③ 831 × 6	④ 464 × 4	⑤ 496 × 6	⑥ 346 × 7
⑦ 350 × 8	⑧ 226 × 9	⑨ 742 × 4	⑩ 549 × 8	⑪ 157 × 2	⑫ 600 × 4
⑬ 234 × 6	⑭ 796 × 4	⑮ 527 × 2	⑯ 249 × 9	⑰ 124 × 2	⑱ 590 × 3
⑲ 629 × 8	⑳ 421 × 5	㉑ 250 × 9	㉒ 197 × 5	㉓ 571 × 2	㉔ 769 × 9
㉕ 524 × 7	㉖ 205 × 2	㉗ 340 × 5	㉘ 259 × 4	㉙ 505 × 5	㉚ 333 × 8

Score ☐ **Time** ☐ **Worksheet 33** **Name** ☐

① 966 × 3

② 857 × 7

③ 849 × 7

④ 878 × 3

⑤ 778 × 7

⑥ 267 × 3

⑦ 445 × 8

⑧ 866 × 5

⑨ 488 × 2

⑩ 923 × 3

⑪ 241 × 2

⑫ 324 × 6

⑬ 226 × 6

⑭ 727 × 7

⑮ 459 × 4

⑯ 849 × 9

⑰ 619 × 6

⑱ 751 × 3

⑲ 903 × 6

⑳ 230 × 8

㉑ 270 × 6

㉒ 621 × 4

㉓ 381 × 9

㉔ 975 × 5

㉕ 414 × 8

㉖ 824 × 2

㉗ 827 × 6

㉘ 913 × 5

㉙ 474 × 9

㉚ 876 × 5

| Score | | Time | | Worksheet 34 | Name | |

① 654 × 7

② 587 × 6

③ 441 × 6

④ 751 × 5

⑤ 717 × 7

⑥ 991 × 3

⑦ 252 × 4

⑧ 773 × 6

⑨ 990 × 4

⑩ 237 × 2

⑪ 860 × 5

⑫ 148 × 9

⑬ 358 × 4

⑭ 331 × 8

⑮ 191 × 7

⑯ 383 × 8

⑰ 551 × 7

⑱ 557 × 2

⑲ 126 × 6

⑳ 363 × 8

㉑ 300 × 5

㉒ 458 × 9

㉓ 484 × 7

㉔ 213 × 2

㉕ 788 × 3

㉖ 988 × 5

㉗ 937 × 7

㉘ 278 × 2

㉙ 742 × 3

㉚ 106 × 6

Score		Time		Worksheet 35	Name	

① 966 × 4	② 438 × 7	③ 581 × 9	④ 374 × 4	⑤ 272 × 4	⑥ 775 × 6
⑦ 108 × 7	⑧ 307 × 5	⑨ 987 × 8	⑩ 969 × 4	⑪ 580 × 7	⑫ 810 × 9
⑬ 165 × 9	⑭ 727 × 7	⑮ 260 × 5	⑯ 587 × 3	⑰ 954 × 6	⑱ 521 × 3
⑲ 757 × 3	⑳ 341 × 7	㉑ 675 × 3	㉒ 331 × 6	㉓ 735 × 8	㉔ 823 × 5
㉕ 872 × 4	㉖ 386 × 2	㉗ 842 × 3	㉘ 735 × 4	㉙ 816 × 2	㉚ 196 × 9

Score   **Time**   Worksheet 36   **Name**

① 106 × 5

② 128 × 9

③ 314 × 8

④ 471 × 8

⑤ 979 × 8

⑥ 550 × 3

⑦ 900 × 4

⑧ 136 × 3

⑨ 257 × 6

⑩ 484 × 7

⑪ 651 × 8

⑫ 475 × 6

⑬ 641 × 4

⑭ 451 × 4

⑮ 319 × 8

⑯ 290 × 3

⑰ 245 × 5

⑱ 629 × 6

⑲ 215 × 6

⑳ 690 × 6

㉑ 708 × 2

㉒ 398 × 8

㉓ 356 × 9

㉔ 761 × 6

㉕ 307 × 9

㉖ 735 × 9

㉗ 741 × 3

㉘ 638 × 8

㉙ 637 × 4

㉚ 815 × 9

| Score | | Time | | Worksheet 37 | Name | |

① 815 × 9

② 591 × 2

③ 560 × 2

④ 252 × 4

⑤ 596 × 4

⑥ 436 × 7

⑦ 119 × 5

⑧ 371 × 5

⑨ 849 × 2

⑩ 741 × 5

⑪ 998 × 6

⑫ 297 × 8

⑬ 592 × 2

⑭ 485 × 8

⑮ 444 × 6

⑯ 727 × 6

⑰ 905 × 8

⑱ 469 × 7

⑲ 477 × 3

⑳ 765 × 4

㉑ 429 × 2

㉒ 584 × 9

㉓ 308 × 3

㉔ 489 × 3

㉕ 964 × 6

㉖ 367 × 2

㉗ 725 × 9

㉘ 849 × 8

㉙ 778 × 8

㉚ 220 × 2

Page 37

Score		Time		Worksheet 38	Name	

① 272×6

② 610×5

③ 873×8

④ 823×6

⑤ 543×3

⑥ 375×9

⑦ 981×7

⑧ 813×2

⑨ 946×4

⑩ 927×3

⑪ 143×2

⑫ 704×8

⑬ 883×4

⑭ 569×9

⑮ 353×4

⑯ 266×5

⑰ 500×2

⑱ 917×4

⑲ 917×3

⑳ 509×9

㉑ 723×9

㉒ 148×7

㉓ 418×8

㉔ 597×6

㉕ 103×6

㉖ 478×8

㉗ 128×2

㉘ 867×2

㉙ 809×9

㉚ 156×3

Score		Time		Worksheet 39	Name	

① 469 × 6	② 940 × 3	③ 949 × 7	④ 669 × 4	⑤ 737 × 8	⑥ 479 × 6
⑦ 695 × 9	⑧ 721 × 5	⑨ 916 × 9	⑩ 476 × 7	⑪ 237 × 2	⑫ 443 × 2
⑬ 137 × 3	⑭ 482 × 4	⑮ 840 × 3	⑯ 570 × 4	⑰ 962 × 9	⑱ 722 × 3
⑲ 124 × 5	⑳ 462 × 8	㉑ 199 × 3	㉒ 587 × 6	㉓ 318 × 3	㉔ 777 × 9
㉕ 690 × 5	㉖ 102 × 4	㉗ 784 × 5	㉘ 175 × 6	㉙ 291 × 5	㉚ 799 × 5

Score		Time		Worksheet 40	Name	

①	②	③	④	⑤	⑥
205 × 3	476 × 9	228 × 9	493 × 7	282 × 3	954 × 5

⑦	⑧	⑨	⑩	⑪	⑫
505 × 3	192 × 5	657 × 9	581 × 6	549 × 9	560 × 3

⑬	⑭	⑮	⑯	⑰	⑱
763 × 6	712 × 4	824 × 8	339 × 9	399 × 6	858 × 4

⑲	⑳	㉑	㉒	㉓	㉔
994 × 9	341 × 7	814 × 9	981 × 6	110 × 7	621 × 6

㉕	㉖	㉗	㉘	㉙	㉚
597 × 6	333 × 4	823 × 3	386 × 3	743 × 7	550 × 6

Score		Time	

Worksheet 41

Name	

①
$$\begin{array}{r} 94 \\ \times\ 12 \\ \hline \end{array}$$

②
$$\begin{array}{r} 17 \\ \times\ 58 \\ \hline \end{array}$$

③
$$\begin{array}{r} 62 \\ \times\ 15 \\ \hline \end{array}$$

④
$$\begin{array}{r} 82 \\ \times\ 86 \\ \hline \end{array}$$

⑤
$$\begin{array}{r} 57 \\ \times\ 34 \\ \hline \end{array}$$

⑥
$$\begin{array}{r} 83 \\ \times\ 68 \\ \hline \end{array}$$

⑦
$$\begin{array}{r} 57 \\ \times\ 11 \\ \hline \end{array}$$

⑧
$$\begin{array}{r} 14 \\ \times\ 79 \\ \hline \end{array}$$

⑨
$$\begin{array}{r} 39 \\ \times\ 10 \\ \hline \end{array}$$

⑩
$$\begin{array}{r} 15 \\ \times\ 67 \\ \hline \end{array}$$

⑪
$$\begin{array}{r} 24 \\ \times\ 17 \\ \hline \end{array}$$

⑫
$$\begin{array}{r} 91 \\ \times\ 46 \\ \hline \end{array}$$

⑬
$$\begin{array}{r} 64 \\ \times\ 42 \\ \hline \end{array}$$

⑭
$$\begin{array}{r} 60 \\ \times\ 77 \\ \hline \end{array}$$

⑮
$$\begin{array}{r} 55 \\ \times\ 79 \\ \hline \end{array}$$

⑯
$$\begin{array}{r} 72 \\ \times\ 85 \\ \hline \end{array}$$

⑰
$$\begin{array}{r} 41 \\ \times\ 91 \\ \hline \end{array}$$

⑱
$$\begin{array}{r} 29 \\ \times\ 86 \\ \hline \end{array}$$

Score		Time		Worksheet 42	Name	

①
$$\begin{array}{r} 95 \\ \times\ 48 \\ \hline \end{array}$$

②
$$\begin{array}{r} 61 \\ \times\ 40 \\ \hline \end{array}$$

③
$$\begin{array}{r} 42 \\ \times\ 19 \\ \hline \end{array}$$

④
$$\begin{array}{r} 85 \\ \times\ 56 \\ \hline \end{array}$$

⑤
$$\begin{array}{r} 95 \\ \times\ 90 \\ \hline \end{array}$$

⑥
$$\begin{array}{r} 67 \\ \times\ 81 \\ \hline \end{array}$$

⑦
$$\begin{array}{r} 68 \\ \times\ 68 \\ \hline \end{array}$$

⑧
$$\begin{array}{r} 21 \\ \times\ 54 \\ \hline \end{array}$$

⑨
$$\begin{array}{r} 75 \\ \times\ 10 \\ \hline \end{array}$$

⑩
$$\begin{array}{r} 36 \\ \times\ 97 \\ \hline \end{array}$$

⑪
$$\begin{array}{r} 91 \\ \times\ 97 \\ \hline \end{array}$$

⑫
$$\begin{array}{r} 55 \\ \times\ 80 \\ \hline \end{array}$$

⑬
$$\begin{array}{r} 72 \\ \times\ 22 \\ \hline \end{array}$$

⑭
$$\begin{array}{r} 37 \\ \times\ 28 \\ \hline \end{array}$$

⑮
$$\begin{array}{r} 26 \\ \times\ 44 \\ \hline \end{array}$$

⑯
$$\begin{array}{r} 56 \\ \times\ 98 \\ \hline \end{array}$$

⑰
$$\begin{array}{r} 40 \\ \times\ 90 \\ \hline \end{array}$$

⑱
$$\begin{array}{r} 56 \\ \times\ 92 \\ \hline \end{array}$$

Score		Time		Worksheet 43	Name	

① $\begin{array}{r} 11 \\ \times\ 63 \\ \hline \end{array}$

② $\begin{array}{r} 18 \\ \times\ 13 \\ \hline \end{array}$

③ $\begin{array}{r} 27 \\ \times\ 71 \\ \hline \end{array}$

④ $\begin{array}{r} 79 \\ \times\ 30 \\ \hline \end{array}$

⑤ $\begin{array}{r} 72 \\ \times\ 60 \\ \hline \end{array}$

⑥ $\begin{array}{r} 99 \\ \times\ 73 \\ \hline \end{array}$

⑦ $\begin{array}{r} 89 \\ \times\ 79 \\ \hline \end{array}$

⑧ $\begin{array}{r} 90 \\ \times\ 67 \\ \hline \end{array}$

⑨ $\begin{array}{r} 45 \\ \times\ 45 \\ \hline \end{array}$

⑩ $\begin{array}{r} 64 \\ \times\ 68 \\ \hline \end{array}$

⑪ $\begin{array}{r} 52 \\ \times\ 64 \\ \hline \end{array}$

⑫ $\begin{array}{r} 70 \\ \times\ 47 \\ \hline \end{array}$

⑬ $\begin{array}{r} 60 \\ \times\ 18 \\ \hline \end{array}$

⑭ $\begin{array}{r} 51 \\ \times\ 23 \\ \hline \end{array}$

⑮ $\begin{array}{r} 99 \\ \times\ 97 \\ \hline \end{array}$

⑯ $\begin{array}{r} 80 \\ \times\ 76 \\ \hline \end{array}$

⑰ $\begin{array}{r} 47 \\ \times\ 13 \\ \hline \end{array}$

⑱ $\begin{array}{r} 35 \\ \times\ 98 \\ \hline \end{array}$

| Score | | Time | | Worksheet 44 | Name | |

①
   68
× 38

②
   19
× 21

③
   78
× 45

④
   32
× 12

⑤
   72
× 76

⑥
   26
× 78

⑦
   15
× 98

⑧
   80
× 45

⑨
   85
× 36

⑩
   86
× 73

⑪
   62
× 61

⑫
   28
× 65

⑬
   37
× 95

⑭
   73
× 50

⑮
   35
× 64

⑯
   53
× 88

⑰
   66
× 56

⑱
   30
× 41

Score **Time** Worksheet 45 Name

①
73
× 54

②
70
× 52

③
45
× 29

④
68
× 35

⑤
90
× 42

⑥
65
× 65

⑦
66
× 28

⑧
34
× 24

⑨
87
× 44

⑩
18
× 21

⑪
18
× 16

⑫
38
× 31

⑬
40
× 80

⑭
73
× 90

⑮
45
× 53

⑯
85
× 20

⑰
40
× 75

⑱
88
× 12

Score □ **Time** □ Worksheet 46 **Name**

①
26
× 39

②
21
× 65

③
81
× 30

④
42
× 13

⑤
89
× 40

⑥
30
× 92

⑦
88
× 44

⑧
58
× 30

⑨
88
× 58

⑩
69
× 23

⑪
76
× 24

⑫
65
× 38

⑬
66
× 69

⑭
49
× 13

⑮
71
× 38

⑯
15
× 49

⑰
86
× 22

⑱
56
× 60

Score		Time		Worksheet 47	Name	

① 30 × 99	② 29 × 30	③ 27 × 81	④ 11 × 83	⑤ 83 × 62	⑥ 72 × 39
⑦ 47 × 22	⑧ 33 × 34	⑨ 10 × 58	⑩ 83 × 97	⑪ 96 × 94	⑫ 86 × 42
⑬ 35 × 35	⑭ 67 × 43	⑮ 49 × 64	⑯ 23 × 72	⑰ 55 × 80	⑱ 18 × 24

Score		Time		Worksheet 48	Name	

①
$$\begin{array}{r} 54 \\ \times\ 68 \\ \hline \end{array}$$

②
$$\begin{array}{r} 16 \\ \times\ 87 \\ \hline \end{array}$$

③
$$\begin{array}{r} 63 \\ \times\ 81 \\ \hline \end{array}$$

④
$$\begin{array}{r} 54 \\ \times\ 64 \\ \hline \end{array}$$

⑤
$$\begin{array}{r} 20 \\ \times\ 73 \\ \hline \end{array}$$

⑥
$$\begin{array}{r} 88 \\ \times\ 38 \\ \hline \end{array}$$

⑦
$$\begin{array}{r} 94 \\ \times\ 87 \\ \hline \end{array}$$

⑧
$$\begin{array}{r} 10 \\ \times\ 46 \\ \hline \end{array}$$

⑨
$$\begin{array}{r} 88 \\ \times\ 43 \\ \hline \end{array}$$

⑩
$$\begin{array}{r} 52 \\ \times\ 12 \\ \hline \end{array}$$

⑪
$$\begin{array}{r} 99 \\ \times\ 83 \\ \hline \end{array}$$

⑫
$$\begin{array}{r} 72 \\ \times\ 35 \\ \hline \end{array}$$

⑬
$$\begin{array}{r} 28 \\ \times\ 21 \\ \hline \end{array}$$

⑭
$$\begin{array}{r} 81 \\ \times\ 93 \\ \hline \end{array}$$

⑮
$$\begin{array}{r} 84 \\ \times\ 56 \\ \hline \end{array}$$

⑯
$$\begin{array}{r} 57 \\ \times\ 84 \\ \hline \end{array}$$

⑰
$$\begin{array}{r} 44 \\ \times\ 54 \\ \hline \end{array}$$

⑱
$$\begin{array}{r} 33 \\ \times\ 63 \\ \hline \end{array}$$

| Score | | Time | | Worksheet 49 | Name | |

①
```
  60
× 22
————
```

②
```
  37
× 88
————
```

③
```
  43
× 37
————
```

④
```
  37
× 78
————
```

⑤
```
  33
× 75
————
```

⑥
```
  99
× 85
————
```

⑦
```
  81
× 95
————
```

⑧
```
  94
× 39
————
```

⑨
```
  86
× 36
————
```

⑩
```
  59
× 73
————
```

⑪
```
  92
× 67
————
```

⑫
```
  60
× 71
————
```

⑬
```
  22
× 67
————
```

⑭
```
  41
× 11
————
```

⑮
```
  11
× 47
————
```

⑯
```
  96
× 98
————
```

⑰
```
  63
× 28
————
```

⑱
```
  68
× 10
————
```

Page 49

Score		Time		Worksheet 50	Name	

① 41×81

② 38×96

③ 49×18

④ 46×73

⑤ 38×63

⑥ 82×16

⑦ 73×80

⑧ 43×29

⑨ 18×89

⑩ 56×75

⑪ 80×35

⑫ 73×77

⑬ 75×48

⑭ 86×91

⑮ 81×27

⑯ 68×65

⑰ 45×56

⑱ 16×18

Score		Time		Worksheet 51	Name	

① 97×80	② 19×13	③ 15×30	④ 52×61	⑤ 40×92	⑥ 92×83
⑦ 66×34	⑧ 60×27	⑨ 43×21	⑩ 17×39	⑪ 76×29	⑫ 52×90
⑬ 97×60	⑭ 33×30	⑮ 58×34	⑯ 72×44	⑰ 43×85	⑱ 75×47

Score   Time   Worksheet 52   Name

①
```
  98
× 23
```

②
```
  97
× 30
```

③
```
  43
× 51
```

④
```
  81
× 69
```

⑤
```
  56
× 11
```

⑥
```
  42
× 37
```

⑦
```
  81
× 97
```

⑧
```
  25
× 82
```

⑨
```
  10
× 50
```

⑩
```
  33
× 24
```

⑪
```
  34
× 25
```

⑫
```
  87
× 52
```

⑬
```
  89
× 12
```

⑭
```
  18
× 51
```

⑮
```
  62
× 60
```

⑯
```
  32
× 98
```

⑰
```
  83
× 26
```

⑱
```
  15
× 51
```

Score		Time	

Worksheet 53

Name	

① 97×38

② 43×43

③ 25×84

④ 57×91

⑤ 64×95

⑥ 65×23

⑦ 71×80

⑧ 23×11

⑨ 59×66

⑩ 61×83

⑪ 94×54

⑫ 54×14

⑬ 31×49

⑭ 95×51

⑮ 17×95

⑯ 76×49

⑰ 72×16

⑱ 62×11

Score		Time		Worksheet 54	Name	

① 51×15	② 30×28	③ 92×96	④ 25×82	⑤ 93×87	⑥ 15×67
⑦ 62×68	⑧ 52×12	⑨ 61×40	⑩ 64×25	⑪ 20×84	⑫ 89×33
⑬ 26×66	⑭ 26×94	⑮ 30×44	⑯ 33×50	⑰ 16×98	⑱ 50×50

Score		Time		Worksheet 55	Name	

①
$$\begin{array}{r} 20 \\ \times\ 61 \\ \hline \end{array}$$

②
$$\begin{array}{r} 66 \\ \times\ 99 \\ \hline \end{array}$$

③
$$\begin{array}{r} 84 \\ \times\ 29 \\ \hline \end{array}$$

④
$$\begin{array}{r} 55 \\ \times\ 19 \\ \hline \end{array}$$

⑤
$$\begin{array}{r} 18 \\ \times\ 88 \\ \hline \end{array}$$

⑥
$$\begin{array}{r} 67 \\ \times\ 91 \\ \hline \end{array}$$

⑦
$$\begin{array}{r} 90 \\ \times\ 11 \\ \hline \end{array}$$

⑧
$$\begin{array}{r} 42 \\ \times\ 84 \\ \hline \end{array}$$

⑨
$$\begin{array}{r} 76 \\ \times\ 77 \\ \hline \end{array}$$

⑩
$$\begin{array}{r} 80 \\ \times\ 62 \\ \hline \end{array}$$

⑪
$$\begin{array}{r} 41 \\ \times\ 93 \\ \hline \end{array}$$

⑫
$$\begin{array}{r} 12 \\ \times\ 17 \\ \hline \end{array}$$

⑬
$$\begin{array}{r} 69 \\ \times\ 40 \\ \hline \end{array}$$

⑭
$$\begin{array}{r} 24 \\ \times\ 33 \\ \hline \end{array}$$

⑮
$$\begin{array}{r} 80 \\ \times\ 78 \\ \hline \end{array}$$

⑯
$$\begin{array}{r} 74 \\ \times\ 10 \\ \hline \end{array}$$

⑰
$$\begin{array}{r} 36 \\ \times\ 96 \\ \hline \end{array}$$

⑱
$$\begin{array}{r} 40 \\ \times\ 16 \\ \hline \end{array}$$

| Score | | Time | | Worksheet 56 | Name | |

① 51 × 88

② 64 × 63

③ 95 × 80

④ 44 × 30

⑤ 47 × 70

⑥ 43 × 22

⑦ 86 × 64

⑧ 61 × 17

⑨ 79 × 33

⑩ 32 × 54

⑪ 91 × 25

⑫ 45 × 99

⑬ 83 × 39

⑭ 33 × 76

⑮ 42 × 63

⑯ 19 × 67

⑰ 19 × 73

⑱ 34 × 53

Score		Time		Worksheet 57	Name	

① 43 × 87	② 37 × 84	③ 55 × 18	④ 84 × 43	⑤ 26 × 66	⑥ 24 × 59
⑦ 31 × 70	⑧ 51 × 45	⑨ 62 × 12	⑩ 36 × 16	⑪ 84 × 79	⑫ 19 × 60
⑬ 47 × 59	⑭ 14 × 37	⑮ 52 × 77	⑯ 42 × 31	⑰ 27 × 49	⑱ 35 × 36

Score		Time		Worksheet 58	Name	

① $\begin{array}{r} 80 \\ \times\ 51 \\ \hline \end{array}$

② $\begin{array}{r} 71 \\ \times\ 61 \\ \hline \end{array}$

③ $\begin{array}{r} 91 \\ \times\ 59 \\ \hline \end{array}$

④ $\begin{array}{r} 91 \\ \times\ 74 \\ \hline \end{array}$

⑤ $\begin{array}{r} 30 \\ \times\ 96 \\ \hline \end{array}$

⑥ $\begin{array}{r} 64 \\ \times\ 43 \\ \hline \end{array}$

⑦ $\begin{array}{r} 57 \\ \times\ 53 \\ \hline \end{array}$

⑧ $\begin{array}{r} 99 \\ \times\ 82 \\ \hline \end{array}$

⑨ $\begin{array}{r} 38 \\ \times\ 81 \\ \hline \end{array}$

⑩ $\begin{array}{r} 42 \\ \times\ 44 \\ \hline \end{array}$

⑪ $\begin{array}{r} 59 \\ \times\ 76 \\ \hline \end{array}$

⑫ $\begin{array}{r} 46 \\ \times\ 97 \\ \hline \end{array}$

⑬ $\begin{array}{r} 16 \\ \times\ 58 \\ \hline \end{array}$

⑭ $\begin{array}{r} 29 \\ \times\ 74 \\ \hline \end{array}$

⑮ $\begin{array}{r} 11 \\ \times\ 89 \\ \hline \end{array}$

⑯ $\begin{array}{r} 75 \\ \times\ 34 \\ \hline \end{array}$

⑰ $\begin{array}{r} 40 \\ \times\ 57 \\ \hline \end{array}$

⑱ $\begin{array}{r} 69 \\ \times\ 88 \\ \hline \end{array}$

Score		Time		Worksheet 59	Name	

① 82 × 99

② 52 × 28

③ 12 × 12

④ 57 × 55

⑤ 64 × 92

⑥ 52 × 51

⑦ 69 × 49

⑧ 52 × 46

⑨ 78 × 98

⑩ 44 × 64

⑪ 10 × 73

⑫ 15 × 17

⑬ 62 × 27

⑭ 93 × 98

⑮ 19 × 62

⑯ 16 × 26

⑰ 89 × 28

⑱ 80 × 98

Score		Time	

Worksheet 60

Name	

① 54 × 30

② 91 × 13

③ 12 × 21

④ 10 × 44

⑤ 61 × 41

⑥ 28 × 27

⑦ 24 × 14

⑧ 50 × 41

⑨ 45 × 41

⑩ 15 × 56

⑪ 66 × 83

⑫ 87 × 38

⑬ 54 × 45

⑭ 76 × 31

⑮ 67 × 40

⑯ 12 × 27

⑰ 61 × 41

⑱ 34 × 13

Score | **Time** | **Worksheet 61** | **Name**

① 629 × 77

② 328 × 14

③ 214 × 53

④ 615 × 23

⑤ 610 × 26

⑥ 897 × 63

⑦ 638 × 26

⑧ 685 × 89

⑨ 508 × 23

⑩ 494 × 34

⑪ 353 × 98

⑫ 750 × 75

⑬ 937 × 75

⑭ 756 × 33

⑮ 684 × 98

⑯ 755 × 49

⑰ 573 × 80

⑱ 927 × 57

① 254 × 50	② 236 × 31	③ 596 × 56	④ 290 × 28	⑤ 246 × 17	⑥ 226 × 41
⑦ 172 × 69	⑧ 963 × 50	⑨ 570 × 95	⑩ 387 × 14	⑪ 881 × 78	⑫ 212 × 81
⑬ 549 × 76	⑭ 469 × 90	⑮ 492 × 12	⑯ 869 × 71	⑰ 675 × 55	⑱ 441 × 72

| Score | | Time | | Worksheet 63 | Name | |

① 476 × 43

② 311 × 97

③ 506 × 70

④ 764 × 66

⑤ 921 × 42

⑥ 362 × 88

⑦ 859 × 91

⑧ 386 × 80

⑨ 899 × 76

⑩ 499 × 86

⑪ 983 × 68

⑫ 165 × 45

⑬ 129 × 10

⑭ 463 × 94

⑮ 196 × 60

⑯ 151 × 27

⑰ 164 × 52

⑱ 661 × 16

Page 63

Score		Time		Worksheet 64	Name	

① 658 × 22

② 238 × 71

③ 822 × 23

④ 192 × 96

⑤ 511 × 49

⑥ 958 × 30

⑦ 742 × 82

⑧ 198 × 86

⑨ 659 × 86

⑩ 381 × 90

⑪ 893 × 97

⑫ 837 × 62

⑬ 170 × 59

⑭ 254 × 83

⑮ 275 × 50

⑯ 739 × 12

⑰ 452 × 87

⑱ 972 × 32

Score		Time		Worksheet 65	Name	

①
$$\begin{array}{r} 909 \\ \times\ 42 \\ \hline \end{array}$$

②
$$\begin{array}{r} 311 \\ \times\ 90 \\ \hline \end{array}$$

③
$$\begin{array}{r} 977 \\ \times\ 97 \\ \hline \end{array}$$

④
$$\begin{array}{r} 597 \\ \times\ 67 \\ \hline \end{array}$$

⑤
$$\begin{array}{r} 835 \\ \times\ 58 \\ \hline \end{array}$$

⑥
$$\begin{array}{r} 191 \\ \times\ 16 \\ \hline \end{array}$$

⑦
$$\begin{array}{r} 810 \\ \times\ 64 \\ \hline \end{array}$$

⑧
$$\begin{array}{r} 232 \\ \times\ 25 \\ \hline \end{array}$$

⑨
$$\begin{array}{r} 536 \\ \times\ 94 \\ \hline \end{array}$$

⑩
$$\begin{array}{r} 317 \\ \times\ 24 \\ \hline \end{array}$$

⑪
$$\begin{array}{r} 228 \\ \times\ 17 \\ \hline \end{array}$$

⑫
$$\begin{array}{r} 883 \\ \times\ 70 \\ \hline \end{array}$$

⑬
$$\begin{array}{r} 431 \\ \times\ 92 \\ \hline \end{array}$$

⑭
$$\begin{array}{r} 713 \\ \times\ 75 \\ \hline \end{array}$$

⑮
$$\begin{array}{r} 980 \\ \times\ 60 \\ \hline \end{array}$$

⑯
$$\begin{array}{r} 550 \\ \times\ 23 \\ \hline \end{array}$$

⑰
$$\begin{array}{r} 594 \\ \times\ 46 \\ \hline \end{array}$$

⑱
$$\begin{array}{r} 900 \\ \times\ 64 \\ \hline \end{array}$$

Score		Time		Worksheet 66	Name	

① 524 × 15

② 776 × 93

③ 400 × 68

④ 343 × 10

⑤ 738 × 41

⑥ 277 × 87

⑦ 805 × 82

⑧ 209 × 50

⑨ 683 × 22

⑩ 209 × 32

⑪ 137 × 91

⑫ 654 × 11

⑬ 890 × 50

⑭ 599 × 86

⑮ 494 × 51

⑯ 327 × 58

⑰ 101 × 10

⑱ 208 × 51

Score		Time		Worksheet 67	Name	

① 695 × 10	② 537 × 25	③ 714 × 73	④ 295 × 12	⑤ 236 × 22	⑥ 903 × 79
⑦ 247 × 75	⑧ 962 × 92	⑨ 234 × 44	⑩ 353 × 89	⑪ 704 × 44	⑫ 710 × 34
⑬ 496 × 69	⑭ 525 × 72	⑮ 547 × 66	⑯ 744 × 79	⑰ 627 × 90	⑱ 238 × 81

Score		Time		Worksheet 68	Name	

①
$$\begin{array}{r} 217 \\ \times\ 11 \\ \hline \end{array}$$

②
$$\begin{array}{r} 491 \\ \times\ 55 \\ \hline \end{array}$$

③
$$\begin{array}{r} 469 \\ \times\ 62 \\ \hline \end{array}$$

④
$$\begin{array}{r} 399 \\ \times\ 40 \\ \hline \end{array}$$

⑤
$$\begin{array}{r} 546 \\ \times\ 34 \\ \hline \end{array}$$

⑥
$$\begin{array}{r} 730 \\ \times\ 37 \\ \hline \end{array}$$

⑦
$$\begin{array}{r} 480 \\ \times\ 89 \\ \hline \end{array}$$

⑧
$$\begin{array}{r} 355 \\ \times\ 41 \\ \hline \end{array}$$

⑨
$$\begin{array}{r} 341 \\ \times\ 40 \\ \hline \end{array}$$

⑩
$$\begin{array}{r} 951 \\ \times\ 45 \\ \hline \end{array}$$

⑪
$$\begin{array}{r} 852 \\ \times\ 86 \\ \hline \end{array}$$

⑫
$$\begin{array}{r} 814 \\ \times\ 61 \\ \hline \end{array}$$

⑬
$$\begin{array}{r} 371 \\ \times\ 37 \\ \hline \end{array}$$

⑭
$$\begin{array}{r} 886 \\ \times\ 47 \\ \hline \end{array}$$

⑮
$$\begin{array}{r} 416 \\ \times\ 70 \\ \hline \end{array}$$

⑯
$$\begin{array}{r} 378 \\ \times\ 99 \\ \hline \end{array}$$

⑰
$$\begin{array}{r} 510 \\ \times\ 57 \\ \hline \end{array}$$

⑱
$$\begin{array}{r} 748 \\ \times\ 87 \\ \hline \end{array}$$

Score		Time		Worksheet 69	Name	

① 570 × 60

② 472 × 20

③ 642 × 34

④ 837 × 52

⑤ 451 × 89

⑥ 941 × 73

⑦ 320 × 55

⑧ 619 × 47

⑨ 622 × 32

⑩ 889 × 76

⑪ 986 × 95

⑫ 392 × 58

⑬ 481 × 61

⑭ 865 × 27

⑮ 890 × 30

⑯ 681 × 32

⑰ 495 × 64

⑱ 558 × 15

| Score | | Time | | Worksheet 70 | Name | |

① 398 × 82

② 629 × 63

③ 750 × 88

④ 668 × 11

⑤ 990 × 71

⑥ 752 × 36

⑦ 412 × 76

⑧ 296 × 68

⑨ 243 × 34

⑩ 777 × 96

⑪ 329 × 82

⑫ 731 × 40

⑬ 568 × 53

⑭ 201 × 26

⑮ 286 × 17

⑯ 224 × 14

⑰ 887 × 60

⑱ 501 × 51

Score		Time		Worksheet 71	Name	

① 922 × 12	② 997 × 87	③ 996 × 76	④ 195 × 57	⑤ 688 × 14	⑥ 973 × 71
⑦ 710 × 79	⑧ 530 × 15	⑨ 749 × 70	⑩ 334 × 65	⑪ 704 × 49	⑫ 879 × 12
⑬ 522 × 52	⑭ 612 × 62	⑮ 212 × 79	⑯ 396 × 32	⑰ 523 × 72	⑱ 385 × 73

Score		Time		Worksheet 72	Name	

① 275 × 37

② 705 × 66

③ 141 × 39

④ 335 × 50

⑤ 563 × 56

⑥ 792 × 24

⑦ 608 × 64

⑧ 614 × 55

⑨ 392 × 30

⑩ 456 × 54

⑪ 793 × 87

⑫ 863 × 66

⑬ 308 × 13

⑭ 974 × 36

⑮ 487 × 46

⑯ 679 × 42

⑰ 110 × 79

⑱ 993 × 53

Score		Time		Worksheet 73	Name	

①
$$\begin{array}{r} 360 \\ \times\ 19 \\ \hline \end{array}$$

②
$$\begin{array}{r} 359 \\ \times\ 40 \\ \hline \end{array}$$

③
$$\begin{array}{r} 880 \\ \times\ 71 \\ \hline \end{array}$$

④
$$\begin{array}{r} 773 \\ \times\ 89 \\ \hline \end{array}$$

⑤
$$\begin{array}{r} 599 \\ \times\ 32 \\ \hline \end{array}$$

⑥
$$\begin{array}{r} 186 \\ \times\ 32 \\ \hline \end{array}$$

⑦
$$\begin{array}{r} 976 \\ \times\ 65 \\ \hline \end{array}$$

⑧
$$\begin{array}{r} 766 \\ \times\ 96 \\ \hline \end{array}$$

⑨
$$\begin{array}{r} 213 \\ \times\ 24 \\ \hline \end{array}$$

⑩
$$\begin{array}{r} 673 \\ \times\ 19 \\ \hline \end{array}$$

⑪
$$\begin{array}{r} 720 \\ \times\ 94 \\ \hline \end{array}$$

⑫
$$\begin{array}{r} 241 \\ \times\ 88 \\ \hline \end{array}$$

⑬
$$\begin{array}{r} 342 \\ \times\ 14 \\ \hline \end{array}$$

⑭
$$\begin{array}{r} 271 \\ \times\ 77 \\ \hline \end{array}$$

⑮
$$\begin{array}{r} 617 \\ \times\ 65 \\ \hline \end{array}$$

⑯
$$\begin{array}{r} 502 \\ \times\ 22 \\ \hline \end{array}$$

⑰
$$\begin{array}{r} 403 \\ \times\ 66 \\ \hline \end{array}$$

⑱
$$\begin{array}{r} 479 \\ \times\ 32 \\ \hline \end{array}$$

Score		Time		Worksheet 74	Name	

① 818 × 29

② 545 × 82

③ 830 × 21

④ 718 × 53

⑤ 346 × 11

⑥ 645 × 99

⑦ 323 × 81

⑧ 994 × 66

⑨ 342 × 75

⑩ 247 × 77

⑪ 910 × 20

⑫ 984 × 81

⑬ 767 × 48

⑭ 481 × 18

⑮ 946 × 83

⑯ 591 × 10

⑰ 585 × 14

⑱ 440 × 50

Score		Time		Worksheet 75	Name	

① 135 × 36	② 722 × 87	③ 676 × 51	④ 682 × 19	⑤ 110 × 71	⑥ 154 × 95
⑦ 769 × 50	⑧ 413 × 78	⑨ 948 × 59	⑩ 789 × 73	⑪ 855 × 54	⑫ 766 × 42
⑬ 503 × 28	⑭ 615 × 76	⑮ 870 × 37	⑯ 391 × 61	⑰ 677 × 83	⑱ 355 × 42

Score		Time		Worksheet 76	Name	

① 512 × 90

② 453 × 89

③ 903 × 18

④ 932 × 98

⑤ 858 × 20

⑥ 857 × 18

⑦ 758 × 69

⑧ 274 × 28

⑨ 183 × 47

⑩ 345 × 60

⑪ 536 × 92

⑫ 976 × 16

⑬ 395 × 14

⑭ 521 × 73

⑮ 872 × 99

⑯ 409 × 99

⑰ 655 × 41

⑱ 939 × 84

| Score | | Time | | Worksheet 77 | Name | |

① 590 × 73

② 777 × 53

③ 651 × 37

④ 812 × 63

⑤ 343 × 84

⑥ 776 × 39

⑦ 882 × 87

⑧ 590 × 28

⑨ 675 × 27

⑩ 532 × 90

⑪ 518 × 68

⑫ 455 × 21

⑬ 237 × 74

⑭ 471 × 94

⑮ 563 × 60

⑯ 525 × 60

⑰ 102 × 33

⑱ 699 × 61

Score **Time** **Worksheet 78** **Name**

①
```
  7 8 3
× 3 0
```

②
```
  3 7 9
×   5 0
```

③
```
  1 1 1
×   7 8
```

④
```
  5 1 7
×   2 0
```

⑤
```
  4 9 3
×   3 0
```

⑥
```
  8 5 9
×   7 7
```

⑦
```
  9 9 8
×   5 4
```

⑧
```
  8 8 9
×   1 1
```

⑨
```
  9 4 7
×   3 6
```

⑩
```
  6 4 9
×   6 5
```

⑪
```
  2 2 7
×   2 7
```

⑫
```
  3 7 0
×   4 8
```

⑬
```
  9 4 0
×   7 7
```

⑭
```
  6 1 3
×   7 4
```

⑮
```
  9 1 0
×   9 1
```

⑯
```
  1 8 9
×   4 7
```

⑰
```
  8 5 4
×   5 9
```

⑱
```
  5 8 3
×   3 3
```

Page 78

| Score | | Time | | Worksheet 79 | Name | |

① 288 × 45

② 155 × 65

③ 347 × 33

④ 522 × 85

⑤ 709 × 13

⑥ 570 × 51

⑦ 853 × 28

⑧ 403 × 71

⑨ 645 × 14

⑩ 309 × 88

⑪ 450 × 37

⑫ 406 × 15

⑬ 223 × 38

⑭ 561 × 57

⑮ 810 × 69

⑯ 944 × 26

⑰ 758 × 53

⑱ 775 × 76

Score		Time		Worksheet 80	Name	

① 984 × 77	② 295 × 78	③ 815 × 37	④ 899 × 28	⑤ 784 × 52	⑥ 144 × 17
⑦ 386 × 90	⑧ 244 × 89	⑨ 720 × 73	⑩ 906 × 98	⑪ 513 × 11	⑫ 347 × 27
⑬ 372 × 10	⑭ 715 × 64	⑮ 654 × 65	⑯ 634 × 57	⑰ 194 × 84	⑱ 136 × 21

| Score | | Time | | Worksheet 81 | Name | |

① 359 × 926

② 484 × 130

③ 697 × 846

④ 535 × 990

⑤ 617 × 683

⑥ 954 × 860

⑦ 607 × 110

⑧ 185 × 934

⑨ 856 × 577

⑩ 111 × 655

Score		Time		Worksheet 82	Name	

① 209×118

② 693×633

③ 699×389

④ 262×966

⑤ 381×649

⑥ 210×324

⑦ 232×587

⑧ 488×721

⑨ 610×138

⑩ 236×984

Score		Time		Worksheet 83	Name	

①
$$\begin{array}{r} 701 \\ \times\ 447 \\ \hline \end{array}$$

②
$$\begin{array}{r} 344 \\ \times\ 685 \\ \hline \end{array}$$

③
$$\begin{array}{r} 528 \\ \times\ 407 \\ \hline \end{array}$$

④
$$\begin{array}{r} 759 \\ \times\ 864 \\ \hline \end{array}$$

⑤
$$\begin{array}{r} 774 \\ \times\ 697 \\ \hline \end{array}$$

⑥
$$\begin{array}{r} 754 \\ \times\ 957 \\ \hline \end{array}$$

⑦
$$\begin{array}{r} 712 \\ \times\ 423 \\ \hline \end{array}$$

⑧
$$\begin{array}{r} 209 \\ \times\ 857 \\ \hline \end{array}$$

⑨
$$\begin{array}{r} 711 \\ \times\ 174 \\ \hline \end{array}$$

⑩
$$\begin{array}{r} 402 \\ \times\ 607 \\ \hline \end{array}$$

Score		Time	

Worksheet 84

Name	

①

$$\begin{array}{r} 414 \\ \times\ 947 \\ \hline \end{array}$$

②

$$\begin{array}{r} 437 \\ \times\ 582 \\ \hline \end{array}$$

③

$$\begin{array}{r} 133 \\ \times\ 213 \\ \hline \end{array}$$

④

$$\begin{array}{r} 411 \\ \times\ 328 \\ \hline \end{array}$$

⑤

$$\begin{array}{r} 777 \\ \times\ 967 \\ \hline \end{array}$$

⑥

$$\begin{array}{r} 235 \\ \times\ 195 \\ \hline \end{array}$$

⑦

$$\begin{array}{r} 385 \\ \times\ 552 \\ \hline \end{array}$$

⑧

$$\begin{array}{r} 207 \\ \times\ 845 \\ \hline \end{array}$$

⑨

$$\begin{array}{r} 373 \\ \times\ 766 \\ \hline \end{array}$$

⑩

$$\begin{array}{r} 472 \\ \times\ 469 \\ \hline \end{array}$$

Score		Time		Worksheet 85	Name	

①
$$\begin{array}{r} 449 \\ \times\ 614 \\ \hline \end{array}$$

②
$$\begin{array}{r} 355 \\ \times\ 788 \\ \hline \end{array}$$

③
$$\begin{array}{r} 993 \\ \times\ 408 \\ \hline \end{array}$$

④
$$\begin{array}{r} 454 \\ \times\ 499 \\ \hline \end{array}$$

⑤
$$\begin{array}{r} 892 \\ \times\ 726 \\ \hline \end{array}$$

⑥
$$\begin{array}{r} 838 \\ \times\ 236 \\ \hline \end{array}$$

⑦
$$\begin{array}{r} 252 \\ \times\ 849 \\ \hline \end{array}$$

⑧
$$\begin{array}{r} 550 \\ \times\ 932 \\ \hline \end{array}$$

⑨
$$\begin{array}{r} 380 \\ \times\ 219 \\ \hline \end{array}$$

⑩
$$\begin{array}{r} 491 \\ \times\ 136 \\ \hline \end{array}$$

Score		Time	

Worksheet 86

Name	

①
```
  7 9 4
× 4 9 7
```

②
```
  5 9 6
× 6 2 5
```

③
```
  9 3 0
× 9 6 8
```

④
```
  2 4 9
× 5 3 2
```

⑤
```
  5 5 1
× 9 8 4
```

⑥
```
  9 1 4
× 2 8 5
```

⑦
```
  3 5 6
× 6 7 4
```

⑧
```
  5 1 1
× 8 7 1
```

⑨
```
  7 4 2
× 5 9 3
```

⑩
```
  9 1 1
× 8 9 0
```

Score		Time		Worksheet 87	Name	

① 109 × 824

② 552 × 485

③ 577 × 212

④ 732 × 879

⑤ 832 × 366

⑥ 674 × 265

⑦ 565 × 333

⑧ 692 × 613

⑨ 160 × 330

⑩ 469 × 461

Score		Time	

Worksheet 88

Name	

①
$$\begin{array}{r} 188 \\ \times\ 864 \\ \hline \end{array}$$

②
$$\begin{array}{r} 940 \\ \times\ 593 \\ \hline \end{array}$$

③
$$\begin{array}{r} 849 \\ \times\ 725 \\ \hline \end{array}$$

④
$$\begin{array}{r} 133 \\ \times\ 341 \\ \hline \end{array}$$

⑤
$$\begin{array}{r} 882 \\ \times\ 322 \\ \hline \end{array}$$

⑥
$$\begin{array}{r} 468 \\ \times\ 103 \\ \hline \end{array}$$

⑦
$$\begin{array}{r} 346 \\ \times\ 474 \\ \hline \end{array}$$

⑧
$$\begin{array}{r} 763 \\ \times\ 686 \\ \hline \end{array}$$

⑨
$$\begin{array}{r} 578 \\ \times\ 562 \\ \hline \end{array}$$

⑩
$$\begin{array}{r} 233 \\ \times\ 367 \\ \hline \end{array}$$

①
```
   500
× 359
```

②
```
   320
× 248
```

③
```
   367
× 527
```

④
```
   345
× 942
```

⑤
```
   941
× 389
```

⑥
```
   230
× 185
```

⑦
```
   872
× 544
```

⑧
```
   945
× 533
```

⑨
```
   137
× 809
```

⑩
```
   313
× 356
```

Worksheet 90

①
```
    6 9 5
  × 9 3 2
```

②
```
    9 2 9
  × 4 0 8
```

③
```
    5 6 8
  × 4 3 2
```

④
```
    3 5 6
  × 1 8 3
```

⑤
```
    4 6 8
  × 4 7 7
```

⑥
```
    5 6 5
  × 7 1 0
```

⑦
```
    8 8 2
  × 4 2 3
```

⑧
```
    6 7 0
  × 5 0 9
```

⑨
```
    5 6 4
  × 4 5 4
```

⑩
```
    5 3 1
  × 3 8 0
```

Score		Time	

Worksheet 91

Name	

①

$$\begin{array}{r} 471 \\ \times\ 731 \\ \hline \end{array}$$

②

$$\begin{array}{r} 882 \\ \times\ 838 \\ \hline \end{array}$$

③

$$\begin{array}{r} 747 \\ \times\ 608 \\ \hline \end{array}$$

④

$$\begin{array}{r} 602 \\ \times\ 249 \\ \hline \end{array}$$

⑤

$$\begin{array}{r} 578 \\ \times\ 318 \\ \hline \end{array}$$

⑥

$$\begin{array}{r} 453 \\ \times\ 457 \\ \hline \end{array}$$

⑦

$$\begin{array}{r} 537 \\ \times\ 121 \\ \hline \end{array}$$

⑧

$$\begin{array}{r} 810 \\ \times\ 404 \\ \hline \end{array}$$

⑨

$$\begin{array}{r} 358 \\ \times\ 375 \\ \hline \end{array}$$

⑩

$$\begin{array}{r} 864 \\ \times\ 669 \\ \hline \end{array}$$

Score		Time	

Worksheet 92

Name	

① 195 × 235

② 886 × 161

③ 494 × 853

④ 467 × 361

⑤ 586 × 280

⑥ 763 × 767

⑦ 329 × 106

⑧ 893 × 408

⑨ 296 × 512

⑩ 979 × 650

Score		Time	

Worksheet 93

Name	

① $\begin{array}{r} 411 \\ \times 483 \\ \hline \end{array}$

② $\begin{array}{r} 888 \\ \times 144 \\ \hline \end{array}$

③ $\begin{array}{r} 294 \\ \times 210 \\ \hline \end{array}$

④ $\begin{array}{r} 658 \\ \times 528 \\ \hline \end{array}$

⑤ $\begin{array}{r} 348 \\ \times 371 \\ \hline \end{array}$

⑥ $\begin{array}{r} 837 \\ \times 796 \\ \hline \end{array}$

⑦ $\begin{array}{r} 969 \\ \times 522 \\ \hline \end{array}$

⑧ $\begin{array}{r} 747 \\ \times 591 \\ \hline \end{array}$

⑨ $\begin{array}{r} 898 \\ \times 647 \\ \hline \end{array}$

⑩ $\begin{array}{r} 941 \\ \times 119 \\ \hline \end{array}$

Score		Time		Worksheet 94	Name	

①

$$\begin{array}{r} 892 \\ \times\ 809 \\ \hline \end{array}$$

②

$$\begin{array}{r} 200 \\ \times\ 735 \\ \hline \end{array}$$

③

$$\begin{array}{r} 685 \\ \times\ 961 \\ \hline \end{array}$$

④

$$\begin{array}{r} 632 \\ \times\ 211 \\ \hline \end{array}$$

⑤

$$\begin{array}{r} 128 \\ \times\ 930 \\ \hline \end{array}$$

⑥

$$\begin{array}{r} 351 \\ \times\ 619 \\ \hline \end{array}$$

⑦

$$\begin{array}{r} 853 \\ \times\ 645 \\ \hline \end{array}$$

⑧

$$\begin{array}{r} 257 \\ \times\ 108 \\ \hline \end{array}$$

⑨

$$\begin{array}{r} 296 \\ \times\ 829 \\ \hline \end{array}$$

⑩

$$\begin{array}{r} 441 \\ \times\ 228 \\ \hline \end{array}$$

Score		Time		Worksheet 95	Name	

①
$$\begin{array}{r} 133 \\ \times 256 \\ \hline \end{array}$$

②
$$\begin{array}{r} 291 \\ \times 943 \\ \hline \end{array}$$

③
$$\begin{array}{r} 362 \\ \times 694 \\ \hline \end{array}$$

④
$$\begin{array}{r} 159 \\ \times 472 \\ \hline \end{array}$$

⑤
$$\begin{array}{r} 597 \\ \times 427 \\ \hline \end{array}$$

⑥
$$\begin{array}{r} 341 \\ \times 564 \\ \hline \end{array}$$

⑦
$$\begin{array}{r} 965 \\ \times 662 \\ \hline \end{array}$$

⑧
$$\begin{array}{r} 434 \\ \times 274 \\ \hline \end{array}$$

⑨
$$\begin{array}{r} 516 \\ \times 163 \\ \hline \end{array}$$

⑩
$$\begin{array}{r} 897 \\ \times 352 \\ \hline \end{array}$$

Score		Time		Worksheet 96	Name	

① 365×294

② 798×563

③ 658×726

④ 637×796

⑤ 863×146

⑥ 584×413

⑦ 546×540

⑧ 623×397

⑨ 965×405

⑩ 686×155

Score		Time		Worksheet 97	Name	

① 993 × 205

② 679 × 753

③ 549 × 887

④ 265 × 716

⑤ 709 × 218

⑥ 280 × 686

⑦ 843 × 693

⑧ 660 × 938

⑨ 414 × 901

⑩ 577 × 483

Score		Time		Worksheet 98	Name	

①
$$\begin{array}{r} 212 \\ \times\ 324 \\ \hline \end{array}$$

②
$$\begin{array}{r} 408 \\ \times\ 634 \\ \hline \end{array}$$

③
$$\begin{array}{r} 729 \\ \times\ 841 \\ \hline \end{array}$$

④
$$\begin{array}{r} 873 \\ \times\ 835 \\ \hline \end{array}$$

⑤
$$\begin{array}{r} 986 \\ \times\ 209 \\ \hline \end{array}$$

⑥
$$\begin{array}{r} 359 \\ \times\ 229 \\ \hline \end{array}$$

⑦
$$\begin{array}{r} 232 \\ \times\ 914 \\ \hline \end{array}$$

⑧
$$\begin{array}{r} 558 \\ \times\ 756 \\ \hline \end{array}$$

⑨
$$\begin{array}{r} 652 \\ \times\ 584 \\ \hline \end{array}$$

⑩
$$\begin{array}{r} 869 \\ \times\ 739 \\ \hline \end{array}$$

Score		Time		Worksheet 99	Name	

①
$$\begin{array}{r} 237 \\ \times\ 908 \\ \hline \end{array}$$

②
$$\begin{array}{r} 321 \\ \times\ 444 \\ \hline \end{array}$$

③
$$\begin{array}{r} 554 \\ \times\ 250 \\ \hline \end{array}$$

④
$$\begin{array}{r} 170 \\ \times\ 987 \\ \hline \end{array}$$

⑤
$$\begin{array}{r} 959 \\ \times\ 369 \\ \hline \end{array}$$

⑥
$$\begin{array}{r} 839 \\ \times\ 796 \\ \hline \end{array}$$

⑦
$$\begin{array}{r} 317 \\ \times\ 418 \\ \hline \end{array}$$

⑧
$$\begin{array}{r} 423 \\ \times\ 406 \\ \hline \end{array}$$

⑨
$$\begin{array}{r} 900 \\ \times\ 857 \\ \hline \end{array}$$

⑩
$$\begin{array}{r} 139 \\ \times\ 511 \\ \hline \end{array}$$

Score   **Time**   **Worksheet 100**   **Name**

①   265 × 775

②   578 × 939

③   990 × 906

④   881 × 866

⑤   143 × 731

⑥   416 × 450

⑦   620 × 610

⑧   655 × 611

⑨   723 × 861

⑩   484 × 698

Page 100

ANSWERS

Worksheet 1

① 162 ② 297 ③ 528 ④ 88 ⑤ 236 ⑥ 376 ⑦ 496
⑧ 85 ⑨ 658 ⑩ 370 ⑪ 189 ⑫ 172 ⑬ 328 ⑭ 255
⑮ 423 ⑯ 106 ⑰ 756 ⑱ 90 ⑲ 485 ⑳ 765 ㉑ 324
㉒ 260 ㉓ 460 ㉔ 864 ㉕ 516 ㉖ 480 ㉗ 720 ㉘ 380
㉙ 504 ㉚ 160 ㉛ 348 ㉜ 70 ㉝ 335 ㉞ 172 ㉟ 268

Worksheet 2

① 315 ② 360 ③ 148 ④ 184 ⑤ 440 ⑥ 90 ⑦ 160
⑧ 330 ⑨ 414 ⑩ 259 ⑪ 280 ⑫ 95 ⑬ 68 ⑭ 135
⑮ 92 ⑯ 325 ⑰ 288 ⑱ 496 ⑲ 200 ⑳ 693 ㉑ 609
㉒ 134 ㉓ 336 ㉔ 312 ㉕ 42 ㉖ 305 ㉗ 160 ㉘ 291
㉙ 88 ㉚ 120 ㉛ 144 ㉜ 77 ㉝ 140 ㉞ 175 ㉟ 126

Worksheet 3

① 232 ② 64 ③ 801 ④ 120 ⑤ 882 ⑥ 188 ⑦ 124
⑧ 855 ⑨ 200 ⑩ 189 ⑪ 156 ⑫ 100 ⑬ 520 ⑭ 623
⑮ 245 ⑯ 36 ⑰ 736 ⑱ 783 ⑲ 402 ⑳ 395 ㉑ 616
㉒ 594 ㉓ 184 ㉔ 112 ㉕ 522 ㉖ 201 ㉗ 268 ㉘ 352
㉙ 540 ㉚ 55 ㉛ 510 ㉜ 240 ㉝ 256 ㉞ 679 ㉟ 147

Worksheet 4

① 564 ② 352 ③ 78 ④ 130 ⑤ 88 ⑥ 195 ⑦ 693
⑧ 234 ⑨ 315 ⑩ 261 ⑪ 297 ⑫ 248 ⑬ 470 ⑭ 164
⑮ 711 ⑯ 96 ⑰ 258 ⑱ 175 ⑲ 546 ⑳ 552 ㉑ 40
㉒ 552 ㉓ 279 ㉔ 296 ㉕ 160 ㉖ 318 ㉗ 138 ㉘ 207
㉙ 608 ㉚ 108 ㉛ 56 ㉜ 174 ㉝ 375 ㉞ 198 ㉟ 666

Worksheet 5

① 104 ② 344 ③ 120 ④ 182 ⑤ 312 ⑥ 198 ⑦ 234
⑧ 518 ⑨ 104 ⑩ 88   ⑪ 616 ⑫ 567 ⑬ 178 ⑭ 224
⑮ 105 ⑯ 92   ⑰ 282 ⑱ 96   ⑲ 387 ⑳ 190 ㉑ 810
㉒ 96   ㉓ 220 ㉔ 171 ㉕ 24   ㉖ 665 ㉗ 129 ㉘ 68
㉙ 392 ㉚ 248 ㉛ 729 ㉜ 213 ㉝ 666 ㉞ 52   ㉟ 356

Worksheet 6

① 120 ② 50   ③ 112 ④ 186 ⑤ 308 ⑥ 172 ⑦ 540
⑧ 128 ⑨ 276 ⑩ 288 ⑪ 124 ⑫ 205 ⑬ 360 ⑭ 882
⑮ 153 ⑯ 270 ⑰ 512 ⑱ 68   ⑲ 378 ⑳ 392 ㉑ 210
㉒ 264 ㉓ 138 ㉔ 78   ㉕ 369 ㉖ 68   ㉗ 200 ㉘ 34
㉙ 114 ㉚ 264 ㉛ 86   ㉜ 238 ㉝ 360 ㉞ 445 ㉟ 60

Worksheet 7

① 260 ② 201 ③ 294 ④ 44   ⑤ 504 ⑥ 45   ⑦ 512
⑧ 444 ⑨ 370 ⑩ 300 ⑪ 245 ⑫ 448 ⑬ 104 ⑭ 354
⑮ 738 ⑯ 470 ⑰ 330 ⑱ 456 ⑲ 155 ⑳ 855 ㉑ 304
㉒ 69   ㉓ 602 ㉔ 108 ㉕ 441 ㉖ 264 ㉗ 81   ㉘ 224
㉙ 360 ㉚ 28   ㉛ 540 ㉜ 540 ㉝ 300 ㉞ 350 ㉟ 228

Worksheet 8

① 567 ② 567 ③ 496 ④ 93   ⑤ 60   ⑥ 312 ⑦ 78
⑧ 205 ⑨ 249 ⑩ 105 ⑪ 801 ⑫ 350 ⑬ 568 ⑭ 490
⑮ 639 ⑯ 819 ⑰ 264 ⑱ 99   ⑲ 52   ⑳ 480 ㉑ 57
㉒ 460 ㉓ 744 ㉔ 380 ㉕ 354 ㉖ 497 ㉗ 420 ㉘ 162
㉙ 114 ㉚ 504 ㉛ 344 ㉜ 252 ㉝ 396 ㉞ 222 ㉟ 60

Worksheet 9

① 166 ② 80   ③ 114 ④ 140 ⑤ 267 ⑥ 168 ⑦ 186
⑧ 342 ⑨ 80   ⑩ 172 ⑪ 51   ⑫ 666 ⑬ 219 ⑭ 72
⑮ 585 ⑯ 594 ⑰ 248 ⑱ 290 ⑲ 36   ⑳ 644 ㉑ 36
㉒ 158 ㉓ 255 ㉔ 171 ㉕ 476 ㉖ 288 ㉗ 64   ㉘ 176
㉙ 210 ㉚ 210 ㉛ 455 ㉜ 396 ㉝ 704 ㉞ 128 ㉟ 245

Worksheet 10

① 702　② 182　③ 414　④ 66　⑤ 240　⑥ 196　⑦ 280
⑧ 332　⑨ 255　⑩ 36　⑪ 414　⑫ 160　⑬ 189　⑭ 534
⑮ 368　⑯ 147　⑰ 210　⑱ 154　⑲ 88　⑳ 55　㉑ 272
㉒ 495　㉓ 132　㉔ 114　㉕ 738　㉖ 160　㉗ 318　㉘ 295
㉙ 380　㉚ 371　㉛ 273　㉜ 568　㉝ 64　㉞ 228　㉟ 594

Worksheet 11

① 152　② 135　③ 704　④ 208　⑤ 54　⑥ 345　⑦ 488
⑧ 130　⑨ 88　⑩ 325　⑪ 153　⑫ 36　⑬ 400　⑭ 360
⑮ 186　⑯ 63　⑰ 765　⑱ 760　⑲ 320　⑳ 156　㉑ 282
㉒ 174　㉓ 189　㉔ 292　㉕ 408　㉖ 336　㉗ 116　㉘ 511
㉙ 531　㉚ 160　㉛ 560　㉜ 470　㉝ 183　㉞ 568　㉟ 118

Worksheet 12

① 216　② 114　③ 146　④ 222　⑤ 24　⑥ 270　⑦ 28
⑧ 616　⑨ 216　⑩ 106　⑪ 168　⑫ 48　⑬ 161　⑭ 138
⑮ 168　⑯ 112　⑰ 511　⑱ 144　⑲ 488　⑳ 203　㉑ 52
㉒ 385　㉓ 120　㉔ 84　㉕ 252　㉖ 69　㉗ 92　㉘ 28
㉙ 368　㉚ 801　㉛ 96　㉜ 255　㉝ 312　㉞ 168　㉟ 152

Worksheet 13

① 511　② 192　③ 342　④ 273　⑤ 268　⑥ 774　⑦ 387
⑧ 30　⑨ 644　⑩ 48　⑪ 66　⑫ 675　⑬ 472　⑭ 112
⑮ 96　⑯ 124　⑰ 320　⑱ 220　⑲ 147　⑳ 588　㉑ 62
㉒ 243　㉓ 364　㉔ 310　㉕ 423　㉖ 204　㉗ 190　㉘ 195
㉙ 468　㉚ 87　㉛ 686　㉜ 231　㉝ 75　㉞ 300　㉟ 168

Worksheet 14

① 80　② 166　③ 198　④ 252　⑤ 171　⑥ 224　⑦ 270
⑧ 228　⑨ 882　⑩ 736　⑪ 172　⑫ 252　⑬ 66　⑭ 125
⑮ 264　⑯ 144　⑰ 80　⑱ 602　⑲ 464　⑳ 46　㉑ 648
㉒ 729　㉓ 684　㉔ 340　㉕ 46　㉖ 552　㉗ 469　㉘ 108
㉙ 80　㉚ 231　㉛ 810　㉜ 77　㉝ 196　㉞ 180　㉟ 168

Worksheet 15

① 594　② 231　③ 138　④ 261　⑤ 258　⑥ 352　⑦ 176
⑧ 325　⑨ 52　⑩ 207　⑪ 210　⑫ 152　⑬ 75　⑭ 448
⑮ 188　⑯ 348　⑰ 108　⑱ 204　⑲ 50　⑳ 222　㉑ 128
㉒ 183　㉓ 60　㉔ 86　㉕ 64　㉖ 126　㉗ 756　㉘ 495
㉙ 498　㉚ 296　㉛ 186　㉜ 186　㉝ 784　㉞ 657　㉟ 288

Worksheet 16

① 240　② 225　③ 776　④ 72　⑤ 665　⑥ 684　⑦ 64
⑧ 534　⑨ 175　⑩ 132　⑪ 288　⑫ 637　⑬ 78　⑭ 120
⑮ 106　⑯ 234　⑰ 656　⑱ 305　⑲ 58　⑳ 455　㉑ 360
㉒ 255　㉓ 196　㉔ 260　㉕ 375　㉖ 632　㉗ 522　㉘ 534
㉙ 180　㉚ 66　㉛ 329　㉜ 560　㉝ 155　㉞ 570　㉟ 657

Worksheet 17

① 130　② 95　③ 368　④ 201　⑤ 450　⑥ 168　⑦ 114
⑧ 117　⑨ 210　⑩ 282　⑪ 84　⑫ 688　⑬ 736　⑭ 413
⑮ 76　⑯ 133　⑰ 594　⑱ 96　⑲ 176　⑳ 306　㉑ 348
㉒ 680　㉓ 360　㉔ 504　㉕ 372　㉖ 94　㉗ 68　㉘ 348
㉙ 504　㉚ 168　㉛ 174　㉜ 396　㉝ 64　㉞ 595　㉟ 243

Worksheet 18

① 72　② 48　③ 144　④ 153　⑤ 124　⑥ 576　⑦ 792
⑧ 135　⑨ 234　⑩ 432　⑪ 234　⑫ 414　⑬ 475　⑭ 145
⑮ 624　⑯ 567　⑰ 576　⑱ 441　⑲ 476　⑳ 140　㉑ 186
㉒ 90　㉓ 280　㉔ 435　㉕ 504　㉖ 602　㉗ 68　㉘ 308
㉙ 300　㉚ 219　㉛ 264　㉜ 564　㉝ 291　㉞ 448　㉟ 616

Worksheet 19

① 252　② 873　③ 584　④ 168　⑤ 114　⑥ 252　⑦ 280
⑧ 264　⑨ 441　⑩ 658　⑪ 119　⑫ 162　⑬ 574　⑭ 249
⑮ 284　⑯ 108　⑰ 80　⑱ 371　⑲ 603　⑳ 90　㉑ 516
㉒ 498　㉓ 342　㉔ 504　㉕ 280　㉖ 100　㉗ 736　㉘ 196
㉙ 170　㉚ 310　㉛ 60　㉜ 413　㉝ 94　㉞ 38　㉟ 402

Worksheet 20

① 485   ② 225   ③ 462   ④ 310   ⑤ 216   ⑥ 295   ⑦ 370
⑧ 882   ⑨ 225   ⑩ 603   ⑪ 122   ⑫ 350   ⑬ 194   ⑭ 492
⑮ 108   ⑯ 152   ⑰ 64   ⑱ 162   ⑲ 176   ⑳ 544   ㉑ 390
㉒ 267   ㉓ 240   ㉔ 60   ㉕ 387   ㉖ 117   ㉗ 292   ㉘ 85
㉙ 156   ㉚ 112   ㉛ 117   ㉜ 260   ㉝ 116   ㉞ 387   ㉟ 306

Worksheet 21

① 1388   ② 2493   ③ 4382   ④ 1642   ⑤ 717   ⑥ 7352
⑦ 819   ⑧ 1358   ⑨ 915   ⑩ 1116   ⑪ 336   ⑫ 686
⑬ 7600   ⑭ 2624   ⑮ 2007   ⑯ 1655   ⑰ 333   ⑱ 3695
⑲ 2790   ⑳ 3186   ㉑ 2989   ㉒ 2577   ㉓ 2946   ㉔ 1200
㉕ 7362   ㉖ 1224   ㉗ 3828   ㉘ 2248   ㉙ 4527   ㉚ 1379

Worksheet 22

① 3710   ② 756   ③ 2936   ④ 690   ⑤ 4505   ⑥ 3864
⑦ 1595   ⑧ 4520   ⑨ 843   ⑩ 1413   ⑪ 1992   ⑫ 4488
⑬ 1290   ⑭ 2856   ⑮ 810   ⑯ 1770   ⑰ 5892   ⑱ 2658
⑲ 3496   ⑳ 1212   ㉑ 2156   ㉒ 2853   ㉓ 630   ㉔ 2864
㉕ 3612   ㉖ 3048   ㉗ 2985   ㉘ 3010   ㉙ 1206   ㉚ 2700

Worksheet 23

① 5768   ② 2500   ③ 4424   ④ 2954   ⑤ 6792   ⑥ 1716
⑦ 4895   ⑧ 2109   ⑨ 3560   ⑩ 6448   ⑪ 3114   ⑫ 994
⑬ 4415   ⑭ 3060   ⑮ 7848   ⑯ 795   ⑰ 2976   ⑱ 3141
⑲ 2982   ⑳ 2525   ㉑ 2382   ㉒ 1701   ㉓ 1192   ㉔ 1020
㉕ 6032   ㉖ 1968   ㉗ 1974   ㉘ 4865   ㉙ 7432   ㉚ 4905

Worksheet 24

① 3573   ② 3810   ③ 1125   ④ 795   ⑤ 447   ⑥ 1812
⑦ 5936   ⑧ 1676   ⑨ 942   ⑩ 1454   ⑪ 1362   ⑫ 1112
⑬ 6237   ⑭ 4552   ⑮ 1416   ⑯ 4314   ⑰ 2325   ⑱ 2177
⑲ 4965   ⑳ 1226   ㉑ 3705   ㉒ 5929   ㉓ 1782   ㉔ 1779
㉕ 1262   ㉖ 5304   ㉗ 1176   ㉘ 5103   ㉙ 2960   ㉚ 2568

Worksheet 25

①	1092	②	2070	③	1804	④	1380	⑤	3440	⑥	3555
⑦	3546	⑧	1851	⑨	4035	⑩	1760	⑪	3360	⑫	3104
⑬	1888	⑭	4245	⑮	1864	⑯	5337	⑰	7875	⑱	568
⑲	3355	⑳	4776	㉑	3276	㉒	1992	㉓	3689	㉔	453
㉕	3116	㉖	654	㉗	1120	㉘	1944	㉙	2682	㉚	4578

Worksheet 26

①	7974	②	6354	③	8064	④	8154	⑤	7568	⑥	1225
⑦	1760	⑧	1389	⑨	7664	⑩	5103	⑪	2895	⑫	1773
⑬	1608	⑭	5632	⑮	2343	⑯	3765	⑰	4257	⑱	1130
⑲	4312	⑳	5800	㉑	3437	㉒	888	㉓	1416	㉔	784
㉕	2244	㉖	4072	㉗	6444	㉘	1122	㉙	4592	㉚	606

Worksheet 27

①	3690	②	4900	③	3304	④	8595	⑤	440	⑥	3015
⑦	2088	⑧	5364	⑨	1416	⑩	3252	⑪	530	⑫	2997
⑬	1152	⑭	2732	⑮	8109	⑯	2045	⑰	204	⑱	1766
⑲	866	⑳	1443	㉑	2808	㉒	840	㉓	1587	㉔	2300
㉕	728	㉖	1285	㉗	756	㉘	550	㉙	4765	㉚	1448

Worksheet 28

①	1154	②	1520	③	1932	④	4722	⑤	268	⑥	6975
⑦	610	⑧	2574	⑨	2739	⑩	4151	⑪	1038	⑫	2571
⑬	2550	⑭	3830	⑮	1628	⑯	3032	⑰	2733	⑱	6840
⑲	6381	⑳	812	㉑	2355	㉒	446	㉓	1260	㉔	1846
㉕	580	㉖	3296	㉗	2025	㉘	2271	㉙	1560	㉚	7560

Worksheet 29

①	1924	②	1897	③	2716	④	1521	⑤	1928	⑥	2456
⑦	3690	⑧	1335	⑨	1155	⑩	404	⑪	716	⑫	2888
⑬	3096	⑭	4704	⑮	4640	⑯	2000	⑰	1244	⑱	2529
⑲	3845	⑳	5719	㉑	6534	㉒	740	㉓	1398	㉔	4236
㉕	1095	㉖	4640	㉗	3972	㉘	444	㉙	2912	㉚	2124

Worksheet 30

①	6075	②	1668	③	360	④	2575	⑤	2412	⑥	1770
⑦	2970	⑧	2216	⑨	4923	⑩	2884	⑪	6345	⑫	5131
⑬	6129	⑭	1752	⑮	908	⑯	3776	⑰	796	⑱	2046
⑲	4401	⑳	3987	㉑	5454	㉒	3728	㉓	6084	㉔	5616
㉕	848	㉖	6849	㉗	312	㉘	5130	㉙	1268	㉚	1144

Worksheet 31

①	560	②	3320	③	7830	④	1233	⑤	2718	⑥	1230
⑦	1359	⑧	7569	⑨	308	⑩	1080	⑪	3008	⑫	910
⑬	2864	⑭	4130	⑮	2524	⑯	744	⑰	4632	⑱	952
⑲	4176	⑳	780	㉑	6560	㉒	4110	㉓	2019	㉔	1812
㉕	2200	㉖	2388	㉗	2652	㉘	3312	㉙	1690	㉚	1728

Worksheet 32

①	2636	②	528	③	4986	④	1856	⑤	2976	⑥	2422
⑦	2800	⑧	2034	⑨	2968	⑩	4392	⑪	314	⑫	2400
⑬	1404	⑭	3184	⑮	1054	⑯	2241	⑰	248	⑱	1770
⑲	5032	⑳	2105	㉑	2250	㉒	985	㉓	1142	㉔	6921
㉕	3668	㉖	410	㉗	1700	㉘	1036	㉙	2525	㉚	2664

Worksheet 33

①	2898	②	5999	③	5943	④	2634	⑤	5446	⑥	801
⑦	3560	⑧	4330	⑨	976	⑩	2769	⑪	482	⑫	1944
⑬	1356	⑭	5089	⑮	1836	⑯	7641	⑰	3714	⑱	2253
⑲	5418	⑳	1840	㉑	1620	㉒	2484	㉓	3429	㉔	4875
㉕	3312	㉖	1648	㉗	4962	㉘	4565	㉙	4266	㉚	4380

Worksheet 34

①	4578	②	3522	③	2646	④	3755	⑤	5019	⑥	2973
⑦	1008	⑧	4638	⑨	3960	⑩	474	⑪	4300	⑫	1332
⑬	1432	⑭	2648	⑮	1337	⑯	3064	⑰	3857	⑱	1114
⑲	756	⑳	2904	㉑	1500	㉒	4122	㉓	3388	㉔	426
㉕	2364	㉖	4940	㉗	6559	㉘	556	㉙	2226	㉚	636

Worksheet 35

①	3864	②	3066	③	5229	④	1496	⑤	1088	⑥	4650
⑦	756	⑧	1535	⑨	7896	⑩	3876	⑪	4060	⑫	7290
⑬	1485	⑭	5089	⑮	1300	⑯	1761	⑰	5724	⑱	1563
⑲	2271	⑳	2387	㉑	2025	㉒	1986	㉓	5880	㉔	4115
㉕	3488	㉖	772	㉗	2526	㉘	2940	㉙	1632	㉚	1764

Worksheet 36

①	530	②	1152	③	2512	④	3768	⑤	7832	⑥	1650
⑦	3600	⑧	408	⑨	1542	⑩	3388	⑪	5208	⑫	2850
⑬	2564	⑭	1804	⑮	2552	⑯	870	⑰	1225	⑱	3774
⑲	1290	⑳	4140	㉑	1416	㉒	3184	㉓	3204	㉔	4566
㉕	2763	㉖	6615	㉗	2223	㉘	5104	㉙	2548	㉚	7335

Worksheet 37

①	7335	②	1182	③	1120	④	1008	⑤	2384	⑥	3052
⑦	595	⑧	1855	⑨	1698	⑩	3705	⑪	5988	⑫	2376
⑬	1184	⑭	3880	⑮	2664	⑯	4362	⑰	7240	⑱	3283
⑲	1431	⑳	3060	㉑	858	㉒	5256	㉓	924	㉔	1467
㉕	5784	㉖	734	㉗	6525	㉘	6792	㉙	6224	㉚	440

Worksheet 38

①	1632	②	3050	③	6984	④	4938	⑤	1629	⑥	3375
⑦	6867	⑧	1626	⑨	3784	⑩	2781	⑪	286	⑫	5632
⑬	3532	⑭	5121	⑮	1412	⑯	1330	⑰	1000	⑱	3668
⑲	2751	⑳	4581	㉑	6507	㉒	1036	㉓	3344	㉔	3582
㉕	618	㉖	3824	㉗	256	㉘	1734	㉙	7281	㉚	468

Worksheet 39

①	2814	②	2820	③	6643	④	2676	⑤	5896	⑥	2874
⑦	6255	⑧	3605	⑨	8244	⑩	3332	⑪	474	⑫	886
⑬	411	⑭	1928	⑮	2520	⑯	2280	⑰	8658	⑱	2166
⑲	620	⑳	3696	㉑	597	㉒	3522	㉓	954	㉔	6993
㉕	3450	㉖	408	㉗	3920	㉘	1050	㉙	1455	㉚	3995

Worksheet 40

① 615　② 4284　③ 2052　④ 3451　⑤ 846　⑥ 4770
⑦ 1515　⑧ 960　⑨ 5913　⑩ 3486　⑪ 4941　⑫ 1680
⑬ 4578　⑭ 2848　⑮ 6592　⑯ 3051　⑰ 2394　⑱ 3432
⑲ 8946　⑳ 2387　㉑ 7326　㉒ 5886　㉓ 770　㉔ 3726
㉕ 3582　㉖ 1332　㉗ 2469　㉘ 1158　㉙ 5201　㉚ 3300

Worksheet 41

① 1128　② 986　③ 930　④ 7052　⑤ 1938　⑥ 5644
⑦ 627　⑧ 1106　⑨ 390　⑩ 1005　⑪ 408　⑫ 4186
⑬ 2688　⑭ 4620　⑮ 4345　⑯ 6120　⑰ 3731　⑱ 2494

Worksheet 42

① 4560　② 2440　③ 798　④ 4760　⑤ 8550　⑥ 5427
⑦ 4624　⑧ 1134　⑨ 750　⑩ 3492　⑪ 8827　⑫ 4400
⑬ 1584　⑭ 1036　⑮ 1144　⑯ 5488　⑰ 3600　⑱ 5152

Worksheet 43

① 693　② 234　③ 1917　④ 2370　⑤ 4320　⑥ 7227
⑦ 7031　⑧ 6030　⑨ 2025　⑩ 4352　⑪ 3328　⑫ 3290
⑬ 1080　⑭ 1173　⑮ 9603　⑯ 6080　⑰ 611　⑱ 3430

Worksheet 44

① 2584　② 399　③ 3510　④ 384　⑤ 5472　⑥ 2028
⑦ 1470　⑧ 3600　⑨ 3060　⑩ 6278　⑪ 3782　⑫ 1820
⑬ 3515　⑭ 3650　⑮ 2240　⑯ 4664　⑰ 3696　⑱ 1230

Worksheet 45

① 3942　② 3640　③ 1305　④ 2380　⑤ 3780　⑥ 4225
⑦ 1848　⑧ 816　⑨ 3828　⑩ 378　⑪ 288　⑫ 1178
⑬ 3200　⑭ 6570　⑮ 2385　⑯ 1700　⑰ 3000　⑱ 1056

Worksheet 46

① 1014　② 1365　③ 2430　④ 546　⑤ 3560　⑥ 2760
⑦ 3872　⑧ 1740　⑨ 5104　⑩ 1587　⑪ 1824　⑫ 2470
⑬ 4554　⑭ 637　⑮ 2698　⑯ 735　⑰ 1892　⑱ 3360

Worksheet 47

① 2970 ② 870   ③ 2187 ④ 913   ⑤ 5146 ⑥ 2808
⑦ 1034 ⑧ 1122 ⑨ 580   ⑩ 8051 ⑪ 9024 ⑫ 3612
⑬ 1225 ⑭ 2881 ⑮ 3136 ⑯ 1656 ⑰ 4400 ⑱ 432

Worksheet 48

① 3672 ② 1392 ③ 5103 ④ 3456 ⑤ 1460 ⑥ 3344
⑦ 8178 ⑧ 460   ⑨ 3784 ⑩ 624   ⑪ 8217 ⑫ 2520
⑬ 588   ⑭ 7533 ⑮ 4704 ⑯ 4788 ⑰ 2376 ⑱ 2079

Worksheet 49

① 1320 ② 3256 ③ 1591 ④ 2886 ⑤ 2475 ⑥ 8415
⑦ 7695 ⑧ 3666 ⑨ 3096 ⑩ 4307 ⑪ 6164 ⑫ 4260
⑬ 1474 ⑭ 451   ⑮ 517   ⑯ 9408 ⑰ 1764 ⑱ 680

Worksheet 50

① 3321 ② 3648 ③ 882   ④ 3358 ⑤ 2394 ⑥ 1312
⑦ 5840 ⑧ 1247 ⑨ 1602 ⑩ 4200 ⑪ 2800 ⑫ 5621
⑬ 3600 ⑭ 7826 ⑮ 2187 ⑯ 4420 ⑰ 2520 ⑱ 288

Worksheet 51

① 7760 ② 247   ③ 450   ④ 3172 ⑤ 3680 ⑥ 7636
⑦ 2244 ⑧ 1620 ⑨ 903   ⑩ 663   ⑪ 2204 ⑫ 4680
⑬ 5820 ⑭ 990   ⑮ 1972 ⑯ 3168 ⑰ 3655 ⑱ 3525

Worksheet 52

① 2254 ② 2910 ③ 2193 ④ 5589 ⑤ 616   ⑥ 1554
⑦ 7857 ⑧ 2050 ⑨ 500   ⑩ 792   ⑪ 850   ⑫ 4524
⑬ 1068 ⑭ 918   ⑮ 3720 ⑯ 3136 ⑰ 2158 ⑱ 765

Worksheet 53

① 3686 ② 1849 ③ 2100 ④ 5187 ⑤ 6080 ⑥ 1495
⑦ 5680 ⑧ 253   ⑨ 3894 ⑩ 5063 ⑪ 5076 ⑫ 756
⑬ 1519 ⑭ 4845 ⑮ 1615 ⑯ 3724 ⑰ 1152 ⑱ 682

Worksheet 54

① 765   ② 840   ③ 8832 ④ 2050 ⑤ 8091 ⑥ 1005
⑦ 4216 ⑧ 624   ⑨ 2440 ⑩ 1600 ⑪ 1680 ⑫ 2937
⑬ 1716 ⑭ 2444 ⑮ 1320 ⑯ 1650 ⑰ 1568 ⑱ 2500

Worksheet 55

①	1220	②	6534	③	2436	④	1045	⑤	1584	⑥	6097
⑦	990	⑧	3528	⑨	5852	⑩	4960	⑪	3813	⑫	204
⑬	2760	⑭	792	⑮	6240	⑯	740	⑰	3456	⑱	640

Worksheet 56

①	4488	②	4032	③	7600	④	1320	⑤	3290	⑥	946
⑦	5504	⑧	1037	⑨	2607	⑩	1728	⑪	2275	⑫	4455
⑬	3237	⑭	2508	⑮	2646	⑯	1273	⑰	1387	⑱	1802

Worksheet 57

①	3741	②	3108	③	990	④	3612	⑤	1716	⑥	1416
⑦	2170	⑧	2295	⑨	744	⑩	576	⑪	6636	⑫	1140
⑬	2773	⑭	518	⑮	4004	⑯	1302	⑰	1323	⑱	1260

Worksheet 58

①	4080	②	4331	③	5369	④	6734	⑤	2880	⑥	2752
⑦	3021	⑧	8118	⑨	3078	⑩	1848	⑪	4484	⑫	4462
⑬	928	⑭	2146	⑮	979	⑯	2550	⑰	2280	⑱	6072

Worksheet 59

①	8118	②	1456	③	144	④	3135	⑤	5888	⑥	2652
⑦	3381	⑧	2392	⑨	7644	⑩	2816	⑪	730	⑫	255
⑬	1674	⑭	9114	⑮	1178	⑯	416	⑰	2492	⑱	7840

Worksheet 60

①	1620	②	1183	③	252	④	440	⑤	2501	⑥	756
⑦	336	⑧	2050	⑨	1845	⑩	840	⑪	5478	⑫	3306
⑬	2430	⑭	2356	⑮	2680	⑯	324	⑰	2501	⑱	442

Worksheet 61

①	48433	②	4592	③	11342	④	14145	⑤	15860	⑥	56511
⑦	16588	⑧	60965	⑨	11684	⑩	16796	⑪	34594	⑫	56250
⑬	70275	⑭	24948	⑮	67032	⑯	36995	⑰	45840	⑱	52839

Worksheet 62

①	12700	②	7316	③	33376	④	8120	⑤	4182	⑥	9266
⑦	11868	⑧	48150	⑨	54150	⑩	5418	⑪	68718	⑫	17172
⑬	41724	⑭	42210	⑮	5904	⑯	61699	⑰	37125	⑱	31752

Worksheet 63

① 20468　② 30167　③ 35420　④ 50424　⑤ 38682　⑥ 31856
⑦ 78169　⑧ 30880　⑨ 68324　⑩ 42914　⑪ 66844　⑫ 7425
⑬ 1290　⑭ 43522　⑮ 11760　⑯ 4077　⑰ 8528　⑱ 10576

Worksheet 64

① 14476　② 16898　③ 18906　④ 18432　⑤ 25039　⑥ 28740
⑦ 60844　⑧ 17028　⑨ 56674　⑩ 34290　⑪ 86621　⑫ 51894
⑬ 10030　⑭ 21082　⑮ 13750　⑯ 8868　⑰ 39324　⑱ 31104

Worksheet 65

① 38178　② 27990　③ 94769　④ 39999　⑤ 48430　⑥ 3056
⑦ 51840　⑧ 5800　⑨ 50384　⑩ 7608　⑪ 3876　⑫ 61810
⑬ 39652　⑭ 53475　⑮ 58800　⑯ 12650　⑰ 27324　⑱ 57600

Worksheet 66

① 7860　② 72168　③ 27200　④ 3430　⑤ 30258　⑥ 24099
⑦ 66010　⑧ 10450　⑨ 15026　⑩ 6688　⑪ 12467　⑫ 7194
⑬ 44500　⑭ 51514　⑮ 25194　⑯ 18966　⑰ 1010　⑱ 10608

Worksheet 67

① 6950　② 13425　③ 52122　④ 3540　⑤ 5192　⑥ 71337
⑦ 18525　⑧ 88504　⑨ 10296　⑩ 31417　⑪ 30976　⑫ 24140
⑬ 34224　⑭ 37800　⑮ 36102　⑯ 58776　⑰ 56430　⑱ 19278

Worksheet 68

① 2387　② 27005　③ 29078　④ 15960　⑤ 18564　⑥ 27010
⑦ 42720　⑧ 14555　⑨ 13640　⑩ 42795　⑪ 73272　⑫ 49654
⑬ 13727　⑭ 41642　⑮ 29120　⑯ 37422　⑰ 29070　⑱ 65076

Worksheet 69

① 34200　② 9440　③ 21828　④ 43524　⑤ 40139　⑥ 68693
⑦ 17600　⑧ 29093　⑨ 19904　⑩ 67564　⑪ 93670　⑫ 22736
⑬ 29341　⑭ 23355　⑮ 26700　⑯ 21792　⑰ 31680　⑱ 8370

Worksheet 70

① 32636　② 39627　③ 66000　④ 7348　⑤ 70290　⑥ 27072
⑦ 31312　⑧ 20128　⑨ 8262　⑩ 74592　⑪ 26978　⑫ 29240
⑬ 30104　⑭ 5226　⑮ 4862　⑯ 3136　⑰ 53220　⑱ 25551

Worksheet 71

① 11064　② 86739　③ 75696　④ 11115　⑤ 9632　⑥ 69083
⑦ 56090　⑧ 7950　⑨ 52430　⑩ 21710　⑪ 34496　⑫ 10548
⑬ 27144　⑭ 37944　⑮ 16748　⑯ 12672　⑰ 37656　⑱ 28105

Worksheet 72

① 10175　② 46530　③ 5499　④ 16750　⑤ 31528　⑥ 19008
⑦ 38912　⑧ 33770　⑨ 11760　⑩ 24624　⑪ 68991　⑫ 56958
⑬ 4004　⑭ 35064　⑮ 22402　⑯ 28518　⑰ 8690　⑱ 52629

Worksheet 73

① 6840　② 14360　③ 62480　④ 68797　⑤ 19168　⑥ 5952
⑦ 63440　⑧ 73536　⑨ 5112　⑩ 12787　⑪ 67680　⑫ 21208
⑬ 4788　⑭ 20867　⑮ 40105　⑯ 11044	⑰ 26598　⑱ 15328

Worksheet 74

① 23722　② 44690　③ 17430　④ 38054　⑤ 3806　⑥ 63855
⑦ 26163　⑧ 65604　⑨ 25650　⑩ 19019　⑪ 18200　⑫ 79704
⑬ 36816　⑭ 8658　⑮ 78518　⑯ 5910　⑰ 8190　⑱ 22000

Worksheet 75

① 4860　② 62814　③ 34476　④ 12958　⑤ 7810　⑥ 14630
⑦ 38450　⑧ 32214　⑨ 55932　⑩ 57597　⑪ 46170　⑫ 32172
⑬ 14084　⑭ 46740　⑮ 32190　⑯ 23851　⑰ 56191　⑱ 14910

Worksheet 76

① 46080　② 40317　③ 16254　④ 91336　⑤ 17160　⑥ 15426
⑦ 52302　⑧ 7672　⑨ 8601　⑩ 20700　⑪ 49312　⑫ 15616
⑬ 5530　⑭ 38033　⑮ 86328　⑯ 40491　⑰ 26855　⑱ 78876

Worksheet 77

① 43070　② 41181　③ 24087　④ 51156　⑤ 28812　⑥ 30264
⑦ 76734　⑧ 16520　⑨ 18225　⑩ 47880　⑪ 35224　⑫ 9555
⑬ 17538　⑭ 44274　⑮ 33780　⑯ 31500　⑰ 3366　⑱ 42639

Worksheet 78

① 23490　② 18950　③ 8658　④ 10340　⑤ 14790　⑥ 66143
⑦ 53892　⑧ 9779　⑨ 34092　⑩ 42185　⑪ 6129　⑫ 17760
⑬ 72380　⑭ 45362　⑮ 82810　⑯ 8883　⑰ 50386　⑱ 19239

Worksheet 79

① 12960　② 10075　③ 11451　④ 44370　⑤ 9217　⑥ 29070
⑦ 23884　⑧ 28613　⑨ 9030　⑩ 27192　⑪ 16650　⑫ 6090
⑬ 8474　⑭ 31977　⑮ 55890　⑯ 24544　⑰ 40174　⑱ 58900

Worksheet 80

① 75768　② 23010　③ 30155　④ 25172　⑤ 40768　⑥ 2448
⑦ 34740　⑧ 21716　⑨ 52560　⑩ 88788　⑪ 5643　⑫ 9369
⑬ 3720　⑭ 45760　⑮ 42510　⑯ 36138　⑰ 16296　⑱ 2856

Worksheet 81

① 332,434　② 62,920　③ 589,662　④ 529,650　⑤ 421,411
⑥ 820,440　⑦ 66,770　⑧ 172,790　⑨ 493,912　⑩ 72,705

Worksheet 82

① 24,662　② 438,669　③ 271,911　④ 253,092　⑤ 247,269
⑥ 68,040　⑦ 136,184　⑧ 351,848　⑨ 84,180　⑩ 232,224

Worksheet 83

① 313,347　② 235,640　③ 214,896　④ 655,776　⑤ 539,478
⑥ 721,578　⑦ 301,176　⑧ 179,113　⑨ 123,714　⑩ 244,014

Worksheet 84

① 392,058　② 254,334　③ 28,329　④ 134,808　⑤ 751,359
⑥ 45,825　⑦ 212,520　⑧ 174,915　⑨ 285,718　⑩ 221,368

Worksheet 85

① 275,686　② 279,740　③ 405,144　④ 226,546　⑤ 647,592
⑥ 197,768　⑦ 213,948　⑧ 512,600　⑨ 83,220　⑩ 66,776

Worksheet 86

① 394,618　② 372,500　③ 900,240　④ 132,468　⑤ 542,184
⑥ 260,490　⑦ 239,944　⑧ 445,081　⑨ 440,006　⑩ 810,790

Worksheet 87

① 89,816　② 267,720　③ 122,324　④ 643,428　⑤ 304,512
⑥ 178,610　⑦ 188,145　⑧ 424,196　⑨ 52,800　⑩ 216,209

Worksheet 88

① 162,432　② 557,420　③ 615,525　④ 45,353　⑤ 284,004
⑥ 48,204　⑦ 164,004　⑧ 523,418　⑨ 324,836　⑩ 85,511

Worksheet 89

① 179,500   ② 79,360   ③ 193,409   ④ 324,990   ⑤ 366,049
⑥ 42,550   ⑦ 474,368   ⑧ 503,685   ⑨ 110,833   ⑩ 111,428

Worksheet 90

① 647,740   ② 379,032   ③ 245,376   ④ 65,148   ⑤ 223,236
⑥ 401,150   ⑦ 373,086   ⑧ 341,030   ⑨ 256,056   ⑩ 201,780

Worksheet 91

① 344,301   ② 739,116   ③ 454,176   ④ 149,898   ⑤ 183,804
⑥ 207,021   ⑦ 64,977   ⑧ 327,240   ⑨ 134,250   ⑩ 578,016

Worksheet 92

① 45,825   ② 142,646   ③ 421,382   ④ 168,587   ⑤ 164,080
⑥ 585,221   ⑦ 34,874   ⑧ 364,344   ⑨ 151,552   ⑩ 636,350

Worksheet 93

① 198,513   ② 127,872   ③ 61,740   ④ 347,424   ⑤ 129,108
⑥ 666,252   ⑦ 505,818   ⑧ 441,477   ⑨ 581,006   ⑩ 111,979

Worksheet 94

① 721,628   ② 147,000   ③ 658,285   ④ 133,352   ⑤ 119,040
⑥ 217,269   ⑦ 550,185   ⑧ 27,756   ⑨ 245,384   ⑩ 100,548

Worksheet 95

① 34,048   ② 274,413   ③ 251,228   ④ 75,048   ⑤ 254,919
⑥ 192,324   ⑦ 638,830   ⑧ 118,916   ⑨ 84,108   ⑩ 315,744

Worksheet 96

① 107,310   ② 449,274   ③ 477,708   ④ 507,052   ⑤ 125,998
⑥ 241,192   ⑦ 294,840   ⑧ 247,331   ⑨ 390,825   ⑩ 106,330

Worksheet 97

① 203,565   ② 511,287   ③ 486,963   ④ 189,740   ⑤ 154,562
⑥ 192,080   ⑦ 584,199   ⑧ 619,080   ⑨ 373,014   ⑩ 278,691

Worksheet 98

① 68,688   ② 258,672   ③ 613,089   ④ 728,955   ⑤ 206,074
⑥ 82,211   ⑦ 212,048   ⑧ 421,848   ⑨ 380,768   ⑩ 642,191

Worksheet 99

① 215,196   ② 142,524   ③ 138,500   ④ 167,790   ⑤ 353,871
⑥ 667,844   ⑦ 132,506   ⑧ 171,738   ⑨ 771,300   ⑩ 71,029

Worksheet 100

① 205,375   ② 542,742   ③ 896,940   ④ 762,946   ⑤ 104,533
⑥ 187,200   ⑦ 378,200   ⑧ 400,205   ⑨ 622,503   ⑩ 337,832

Did You Like This Book?

I searched online to find basic math worksheets like these, but wasn't satisfied with what I found. I made these math worksheets for my children and students. Then I put them together in this workbook so that they would be available to other parents and teachers. Some of my objectives in making this workbook were:

- Including the answers at the back so parents or teachers could easily check the solutions.
- Numbering the exercises to make it easy to check the answers, and to allow teachers to assign specific problems by number.
- Providing enough space for students to write their answers and to carry over. The spacing between digits was intended to help make the problems wider to give students more room for writing.
- Organizing the problems in a visually appealing way, and arranging the content so that the level of difficulty grows as the book progresses.
- Having designated room for students to write their name, and for parents or teachers to record the score and time.
- Making the book affordable. I hope that you believe this workbook to be a good value.

I hope that you found this workbook to be useful. I would be very appreciative of any feedback that you may choose to leave at www.amazon.com. This would also be very helpful for any other parents or teachers who are searching for math workbooks.

Thank You,
Anne Fairbanks

64234150R00069

Made in the USA
Lexington, KY
01 June 2017